Vieweg Programmbibliothek
Taschenrechner 10

**Allgemeine Anwendungen
(TI-59, HP-41C, FX-602 P)**

Vieweg Programmbibliothek Taschenrechner

Herausgegeben von Helmut Alt/Harald Schumny

Band 1
Programmierung mathematischer Algorithmen

Band 2
Taschenrechnerarithmetik
mit erhöhter Genauigkeit (TI-59/HP-41 C/CV)

Band 3
Spezielle mathematische
Algorithmen (HP-41 C/TI-58/59)

Band 4
Schreiben, Zeichnen, Tabellieren (TI-59/HP-41 C)

Band 5
Spiele (TI-59, HP-41 C)

Band 6
Geodätische Programme (HP-11 C)

Band 7
Kryptologie (HP-41 C/CV)

Band 8
Maschinenbau (TI-58/59, HP-41 C, FX-502/602 P)

Band 9
Statik und Festigkeitsberechnungen (TI-58/59)

Band 10
Allgemeine Anwendungen (TI-59, HP-41C, FX-602 P)

Vieweg Programmbibliothek
Taschenrechner Band 10

Helmut Alt/Harald Schumny (Hrsg.)

Allgemeine Anwendungen (TI-59, HP-41 C, FX-602 P)

Zeichnen – Sortieren – Rechnen
Elektrotechnik
Chemie
Bauwesen
Kleinkredite

Mit 14 Programmen

Friedr. Vieweg & Sohn   Braunschweig / Wiesbaden

Die Autoren des Bandes

Dipl.-Phys. *Norbert Hoffmann*
Föhrenwald 464
A-6100 Seefeld

Heinrich Hoffmeier
Marienburger Straße 6
4040 Neuss 1
Bankkaufmann bei der Industrie-
kreditbank AG — Deutsche Industrie-
bank, Düsseldorf

Bernd Köhler
Hammersteinstr. 21/V
5800 Hagen 1
Student Elektrotechnik

Ing.-grad. *Hans Krissler*
Brunnenwiesenweg 44
7061 Lichtenwald
Konstruktur

Werner Leidel
Starenweg 9
5063 Overath
Marktforscher

Dipl.-Ing. *Heinz Mensing*
Charlottenstraße 79
3000 Hannover 91

Ingo Sander
Wilsonstraße 18
2000 Hamburg 70
Student Chemiewesen

Martin Steffke
Werner-Heisenberg-Weg 39—2C
8014 Neubiberg

Das im Buch enthaltene Programm-Material ist mit keiner Verpflichtung oder Garantie irgendeiner Art verbunden. Der Autor übernimmt infolgedessen keine Verantwortung und wird keine
daraus folgende oder sonstige Haftung übernehmen, die auf irgendeiner Art aus der Benutzung
dieses Programm-Materials oder Teilen davon entsteht.

1984

ISBN 978-3-528-04311-7   ISBN 978-3-322-91751-5 (eBook)
DOI 10.1007/978-3-322-91751-5

Inhaltsverzeichnis

Einführung

Im Band 10 der Vieweg Programmbibliothek Taschenrechner wird nochmals die allgemeine Anwendung aus verschiedenen Bereichen aufgegriffen und programmtechnisch auf die Rechner TI-59, HP-41C und FX-602P realisiert. Damit soll gleichzeitig eine Beendigung der Beiträge für den weit verbreiteten Rechner TI-59 signalisiert werden, die stets in großer Zahl den Herausgebern zur Veröffentlichung vorgelegt werden. Hierdurch wird dem Trend zur Anwendung von Rechnern mit erweiterten Möglichkeiten der Programmierung und Textverarbeitung Rechnung getragen. Andererseits ist jedoch auch eine Sättigung der den Herausgebern vorliegenden Beiträge hinsichtlich der Behandlung allgemeiner Anwendungen zu verzeichnen.

Die inhaltliche Spannweite dieses Bandes reicht von Organisationsprogrammen für verschiedene Sortierprobleme über beispielhafte elektrotechnische und chemische Aufgabenstellungen bis hin zu statistischen Berechnungen aus dem Bereich des Bauingenieurwesens. Er endet mit einem finanzmathematischen Beitrag über die Effektivzinsberechnung für Kleinkredite. Hierbei ist die programmtechnische Realisierung für die beiden Rechnertypen TI-59 und HP-41C zum Vergleich angeboten.

Möge auch dieser Band wieder möglichst vielen Benutzern der angesprochenen programmierbaren Rechner hilfreiche Anregungen für eigene Programmlösungen bieten und die hierzu nützlichen Kontakte mit den einzelnen Autoren ermöglichen.

Die Herausgeber

Druckerkode und HIR-Register

von Bernd Köhler

Mit den Werten der Macdonaldschen Funktionen $K_o(x)$ und $K_1(x)$ (modi-
fizierte Besselsche Funktionen zweiter Gattung) sollten gleichzeitig
die Bezeichnungen KO (Kode 2601) und K1 (Kode 2602) ausgedruckt werden. Der Kode 2601 sollte mit OP 04 ins Druckregister gebracht, der
Kode 2602 durch Addition von 1 mittels HIR 38 erzeugt werden. Das
klappte so aber nicht!
Der folgende Artikel stellt im ersten Abschnitt beispielhaft alle für
die Anwendung interessanten Tatsachen zum Problemkreis Druckerkode
und HIR-Register[1] zusammen. Im zweiten Abschnitt wird dann, ebenfalls beispielhaft anhand der obigen Aufgabenstellung, der hardware-
mäßige Hintergrund etwas beleuchtet. Meist wird mit den Befehlen
OP 04, OP 05 sowie HIR 08, HIR 18 und HIR 38 gearbeitet. Die Ausführungen gelten aber sinngemäß auch für die Befehle OP 01 - OP 03;
OP 06; HIR 05 - HIR 07, HIR 15 - HIR 17, HIR 35 - HIR 37. Für die
HIR-Operationen empfiehlt sich ein Hilfsprogramm.

Wir speichern die 13stellige Zahl 330264(STO 00) .3133737(SUM 00) auf
die gezeigte Art und Weise in R00 ab. Dann wird sie durch "OP 04"
ins Druckregister gebracht. Mit "OP 05" erhält man den Ausdruck
' P 1 = '. Nun wird die gleiche Zahl mittels "HIR 08" ins Druckregister geladen. "OP 05" liefert jetzt den Ausdruck ' K W A T T ', und
"OP 06" ' W A T T '. Ein Elektrotechniker, der die Leistung P_1 mit
'WATT' oder 'KWATT' bezeichnen will, kommt also mit einem Register
aus, obwohl 8(!) bzw. 7 Druckzeichen (entsprechend einem 16- bzw.
14stelligem Kode) gedruckt werden (T a b e l l e 1; 1.,1a)). Diesen

---

[1] Die Bezeichnung "HIR" erfährt meistens zwei Interpretationen.
Einmal von "hierarchy"(Rangfolge), einmal von "to hire"(mieten).
Der Rechner benutzt diese Register jeweils für seine internen Be-
lange, mietet sie sich also; z.B. für die algebraische Operations-
Hierarchie, für die Klammeroperationen, für verschiedene Firmware-
Routinen und eben auch als Druckkodespeicher (H5 - H8).

T a b e l l e 1: Beispiele zur Druckerkodeeingabe mittels HIR- und
                  OP-Befehlen; überlappender Druckerkode

1

330264.	+
0.3133737	=
330264.3134	
330264.3134	STO
	1
330264.3134	
330264.3134	OP
	4
330264.	
330264.	OP 5 P1=
330264.	
330264.	RCL
	1
330264.3134	
330264.3134	HIR
	8
330264.3134	
330264.3134	PRT
	R/S
330264.3134	OP 5 KWATT

330264.3134	OP 5 KWATT
330264.	
330264.	OP 6 WATT
330264.	OP
	3
330264.	
330264	OP 5 P1=KWATT
330264.	
P1=	
12000.	WATT

1a

330264.	+
0.3133737	=
330264.3134	
330264.3134	STO
	1
330264.3134	
330264.3134	OP
	4
330264.	
330264.	OP 5 P1=
330264.	
330264.	RCL
	1
330264.3134	
330264.3134	HIR
	8
330264.3134	
330264.3134	PRT
	R/S

2

333344.	STO
	0
333344.	
0.1133526	SUM
	0
0.1133526	
0.1133526	RCL
	0
333344.1134	
333344.1134	OP
	4
333344.	
333344.	OP 5 PPX
333344.	
333344.	RCL
	0
333344.1134	
333344.1134	HIR
	8
333344.1134	
333344.1134	PRT
	R/S
333344.1134	IINT
0.1133526	
0.1133526	OP 5 QUARK

T a b e l l e 1 (Forts.) und T a b e l l e 2

3

```
          100648.         STO
                            2
          100648.
        0.6080507          SUM
                            2
        0.6080507
        0.6080507          RCL
                            2
      100648.6081
      100648.6081          OP
                            4
          100648.
          100648.        [ OP  5  75x ]
          100648.
          100648.          RCL
                            2
      100648.6081
      100648.6081          HIR
                            8
      100648.6081
      100648.6081          PRT
                          R/S
      100648.6081        [ OP  5  =5746 ]
          100648.
          100648.          OP
                            3
          100648.
          100648.        ( OP  5  75x=5746 )
```

4

```
        0.9630903          X:T
               0.
          333348.           +
          333348.          X:T
        0.9630903
        0.9630903           =
      333348.9631
      333348.9631          STO
                            0
      333348.9631
      333348.9631          OP
                            4
```

```
          333348.
          333348.        [ OP  5  PPX ]
          333348.
          333348.          RCL
                            0
      333348.9631
      333348.9631          HIR
                            8
      333348.9631
      333348.9631          PRT
                          R/S
      333348.9631        [ OP  6  8/82 ]
      333348.9631
                         [ PPX  8/02 ]
```

T a b e l l e 2: Druckprotokolle zur Kodeeingabe, -positionierung und -veränderung

1

```
           2601.           OP
                            4
           2601.
           2601.         [ OP  5  KO ]
           2601.
           2601.           HIR
                           18
      .0000000026
      .0000000026          PRT
                          R/S
      .0000000026           x
            100.            =
      .0000002601
              1.-12         HIR
                           38
              1.-12
              1.-12         PRT
                          R/S
              1.-12         HIR
                           18
```

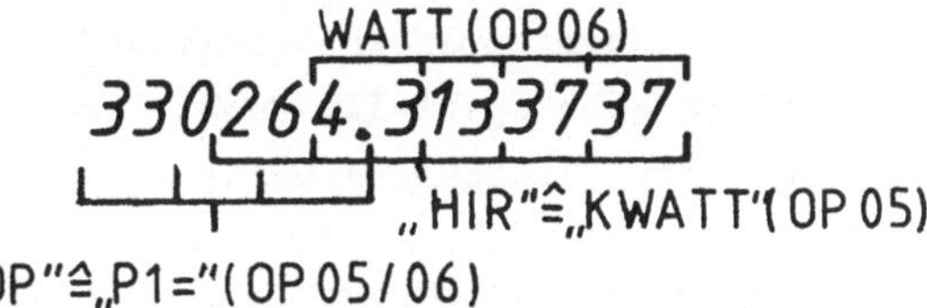

B i l d 1: Kodezahleneingabe mit OP- und
HIR-Befehlen; überlappender
Druckkode

C / Einerstelle	0	1	2	3	4	5	6	7	8	9
0	o leer	0	1	2	3	4	5	6	7	8
1	7	8	9	A	B	C	D	E	7	8
2	−	F	G	H	I	J	K	L	M	N
3	M	N	O	P	Q	R	S	T	M	N
4	·	U	V	W	X	Y	Z	+	x	•
5	x	•	√	π	•	(	)	,	x	•
6	↑	%	:	/	=	'	×	x̄	^{2}	?
7	^{2}	?	÷	I	II	▲	Π	Σ	^{2}	?
8	o leer	0	1	2	3	4	5	6	7	8
9	7	8	9	A	B	C	D	E	7	8

(Zehnerstelle = Zeilen a; Einerstelle = Spalten b) a)

```
000   76  LBL
001   11   A
002   01   1
003   32  XIT
004   09   9
005   09   9
006   42  STO
007   00   00
008   43  RCL
009   00   00
010   69  OP
011   04   04
012   69  OP
013   06   06
014   69  OP
015   30   30
016   77  GE
017   00   00
018   08   08
019   91  R/S
```
b)

B i l d 2: 10 x 10 - Druckkodematrix a) und Routine
zum Ausdruck aller Kodes b)

STACKREGISTER

	15	14	13	12	11	10	9	8	7	6	5	4	3	2	1	0	
a)			M	A	N	T	I	S	S	E				EXP.		K.	5
																	6
b)	2,	6	0	1	0	0	0	0	0	0	0	0	0	0	3	0	7
c) +	2,	6	0	1	0	0	0	0	0	0	0	0	0	+	0	3	8

B i l d 3: Aufbau und Belegung der Stackregister

Sachverhalt bezeichnet man auch als "überlappenden Druckkode"
(B i l d 1). Dieser Fall ist sicher sehr speziell, deckt aber deutlich die Möglichkeiten bei geschickter Bezeichnungsweise auf.

Allgemein gilt: Gibt man eine bis 13stellige Dezimalzahl mittels OP-
Befehl in die Druckregister ein, wird zur Kodebildung nur ihr Integer-
anteil bis zu 10 Stellen (die OP-Funktion wirkt auch wie die Integerfunktion) verwendet. Ausgedruckt wird r e c h t s b ü n d i g. Lädt
man die Zahl mittels HIR-Befehl ins Druckregister, werden i m m e r
die ersten drei Stellen ignoriert, egal wo das Komma steht; es können
also auch hier maximal 10 Stellen als Druckkode benutzt werden. Ausgedruckt wird l i n k s b ü n d i g. Schließlich kann man z.B. durch
Laden mit "OP 03" und "HIR 08" und Ausdruck durch "OP 05" den Text
auch in eine Zeile schreiben (T a b e l l e 1; 1.,1a), 3.).
Bei der Eingabe mit HIR-Befehlen ist es also i m m e r notwendig,
dem eigentlichen Kode eine 3stellige "Blindzahl" (wenn man nicht mit
"OP" und/oder Überlappung drucken will) voranzustellen.

Beispiel: Das Zeichen 'KO' soll r e c h t s b ü n d i g ausgedruckt,
sein Kode 2601 mittels "HIR 08" geladen werden. Die Befehlsfolge für
die Eingabe kann dann z.B. so lauten: 2,601 x 1 EE 7 +/- + 100 =
HIR 08 (T a b e l l e 2; 2c)).[2] Die Eingabe mittels HIR-Befehl hat
neben den oben besprochenen noch weitere Vorteile:
- Der Ausdruck ist nicht gegen verschiedene Fixkommaeinstellungen an-
  fällig, wie das bei der Eingabe mit OP-Befehlen geschieht (Verschie-
  bung und/oder Verfälschung der Kodes und damit Druckzeichen, siehe
  T a b e l l e 3).
- Man kann die Registerinhalte durch arithmetische Operationen mani-
  pulieren und somit "variable Druckkodes" erzeugen.
- Bei linksbündigem Ausdruck kann die Anzahl der Befehle geringer
  sein als bei OP-Eingabe, weil man sich die "Nachnullen" erspart.
Für das Auffinden überlappter Kodes gibt es leider keine universelle
Anweisung (es könnte vielleicht als "Gesellschaftsspiel" ganz amüsant
sein). Deshalb nur einige Stichworte:
- Bei ungerader Anzahl der Kodeziffern des "HIR-Kodes" muß seine
  Zehnerstelle mit der Einerstelle des "OP-Kodes" übereinstimmen;

---

[2] Die gesamten Tabellen 1 und 2 konnten aus Platzgründen nicht voll-
ständig abgedruckt werden, jedoch zeigen die Ausschnitte deutlich
Motiv, Methodik und Ziel des Vorgehens.

T a b e l l e   2 (Forts. I)

<table>
<tr><td valign="top">

1
```
     2.602-09
     2.602-09   PRT
                R/S
     2.602-09   OP
                 5
                 -

     0.  00
     0.
     0.         HIR
                 18
 .0000000026
 .0000000026   PRT
                R/S
 .0000000026    ×
     100.        =
 .0000002602
```

2
```
     2601.      HIR
                 8
     2601.
     2601.      PRT
                R/S
     2601.      OP
                 5
                 7

     2601.
     2601.      HIR
                 18
     2601.
     2601.      PRT
                R/S
     1.         HIR
                 38
     1.
     1.         PRT
                R/S
     1.         HIR
                 18
     2602.
     2602.      PRT
                R/S
     2602.      OP
                 5
                 -
     2602.
```

</td><td valign="top">

2a
```
     2.601       ×
       1. -09     =
     2.601-09
     2.601-09   HIR
                 8
     2.601-09
     2.601-09   PRT
                R/S
     2.601-09   OP
                 5
                 7
     0.  00
     0.  00     HIR
                 18
     2.601-09
     2.601-09   PRT
                R/S
 .0000000026
       1. -12   HIR
                 38
       1. -12
       1. -12   PRT
                R/S
       1. -12   HIR
                 18
     2.602-09
     2.602-09   PRT
                R/S
     2.602-09   OP
                 5
                 -
     0.  00
```

2b
```
     26.01       ×
       1. -08     +
       1.  02     =
       1.  02
 100.0000003
 100.0000003   HIR
                 8
 100.0000003
 100.0000003   PRT
                R/S
 100.0000003   IINT
 .0000002601
 .0000002601   OP
                 5
                 KO
```

</td></tr>
</table>

T a b e l l e 2 (Forts. II)

```
2b           0.        HIR                2c
                       18
100.0000003                                     2.601        ×
100.0000003    PRT                                 1.-07      +
               R/S                                 1. 02      =
          1.-10  HIR                               1. 02
                 38                                1. 02      HIR
          1.-10                                                8
          1.-10  PRT                               1. 02
               R/S                                 1. 02      PRT
.0000000001                                                   R/S
.0000000001    HIR                        100.0000003
               18                         100.0000003    IINT
100.0000003                               .0000002601
100.0000003    PRT                        .0000002601    ┌──────┐
               R/S                                       │  OP  │
100.0000003    IINT                                      │   5  │
.0000002602                                              │  K0  │
.0000002602    ┌──────┐                                  └──────┘
               │  OP  │                            0.
               │   5  │                            0.      HIR
               │  K1  │                                    18
          0.   └──────┘            100.0000003
                                   100.0000003    PRT
                                                  R/S
                                             1.-10  HIR
                                                    38
                                             1.-10
                                             1.-10  PRT
                                                  R/S
                                             1.-10  HIR
                                                    18
                                             1. 02
                                             1. 02  PRT
                                                  R/S
                                   100.0000003
                                   100.0000003    ┌──────┐
                                                  │  OP  │
                                                  │   5  │
                                                  │  K1  │
                                             100. └──────┘
```

hierzu sehe man B i l d 1: 0 2 / 2 6, 6 4 / 4 3 . In diesem Beispiel liegt sogar doppelte Überlappung vor!

- Bei gerader Anzahl ist Überlappung nicht möglich. Da sie aber höchstens 10 betragen kann, lassen sich die drei freien Stellen mit "OP"
ausnutzen.

- Es kann nützlich sein, statt der 8 x 8 - Druckkodematrix der Anlei-
tung die vollständige 10 x 10 - Matrix (B i l d 2a) zu benutzen;
die Routine 2b) druckt alle Symbole samt Kode aus.

8

T a b e l l e   3 :   Druckkode und FIX-Befehl

Spalte 1:

```
    13.        OP
                  4
    13.
    13.        OP
                  5
                  A
    13.
    13.        FIX
                  2
 13.00
    13.        OP
                  5
                  A
 13.00
    13.        OP
                  4
 13.00
    13.        OP
                  5
                  A
 13.00
    13.        FIX
                  4
```

Spalte 2:

```
  13.0000
     13.       OP
                  4
  13.0000
     13.       OP
                  5
                  A
  13.0000
     13.       FIX
                  8
13.00000000
     13.       OP
                  4
13.00000000
     13.       OP
                  5
            A
13.00000000
     13.       FIX
                  3
   13.000
     13.       OP
                  4
   13.000
     13.       OP
                  5
               OM
   13.000
     13.       FIX
                  5
```

Spalte 3:

```
   13.00000
      13.      OP
                  4
   13.00000
      13.      OP
                  5
               OM
   13.00000
      13.      FIX
                  7
  13.0000000
      13.      OP
                  4
  13.0000000
      13.      OP
                  5
               OM
  13.0000000
      13.      FIX
                  9
      13.
      13.      OP
                  4
      13.
      13.      OP
                  5
                  A
      13.
```

Anmerkung:

Ein Festkommaanzeigeformat beeinflußt die Positionierung der Kodes (und damit der Zeichen) bei Op 1 - 4. Bei Fix n, n = 2,4,6,8 wird ein rechts stehendes Zeichen jeweils um eine Stelle nach links verschoben. Man erspart sich also ggf. die Eingabe von "Nachnullen". Ungerade n verfälschen den Kode. Das Komma wird also ignoriert und die ganze Ziffernfolge, auch die "Nachkommanullen", als Kode interpretiert.

Um bei der Manipulation der Druckregisterinhalte keine Fehler zu begehen eine kurze Wiederholung.[3] Die TI-58/59 besitzen einen Hierarchy-Stack mit acht Registern. Jedes Register umfaßt acht Byte, d.h. 64 Bit. Da die Zahlen ziffernweise binär kodiert werden benötigt man für jede

---

[3] Kenntnisse über HIR-Register und -Befehle werden vorausgesetzt.
Ein zusammenfassender Bericht steht z.B. in CHIP-Special, Programme II, Vogel Verlag Würzburg , Heft 2/81, S. 26ff.

Ziffer vier Bit und kann somit 16 Ziffern (entsprechend 16 "Speicher-
zellen") abspeichern.
Eine Zahl wird immer im Exponentialformat gespeichert (B i l d 3a):
13stellige normierte (Komma nach erster Ziffer) Mantisse, 2stelliger
Exponent und eine Ziffer als Kode für die Vorzeichen von Mantisse und
Exponent (B i l d 3b). In der Folge werden die Vorzeichen aber direkt
hingeschrieben (B i l d 3c)!
Abgespeichert heißt in unserem Falle mittels "HIR 08" (T a b e l l e 2,
2.). "OP 05" liefert den Ausdruck ' 7 _ _ _ '; 7 hat auch den Kode 10
(B i l d 2) und dieser steht in den Zellen 11 und 12, 13 bis 15 werden
ignoriert. Die Kodes stehen in der Mantisse links, und es wird auch
linksbündig ausgedruckt (T a b.4, a)).
Nun wird 2601 mit "OP 04" geladen, der Ausdruck liefert wie erwartet
und gewohnt rechtsbündig '_ _ _ K 0 ' (T a b.2, 1.). Der Registeraufruf
(T a b. 4, b)) zeigt, daß 2,601 -09 = 0,000 000 002 601 abgespeichert
wurde. Ignoriert man bei der Dezimalschreibweise die ersten drei Stellen, dann stehen die Ziffern 2601 rechts in der Mantisse und liefern
den rechtsbündigen Ausdruck ' KO '.
Zuletzt wird noch 2,601 -09 mit "HIR 08" geladen (T a b. 4, c)), ausgedruckt wird nun, etwas unerwartet, ' 7 _ _ _ ' (T a b. 2, 2a)).
Wir erhalten also das gleiche Ergebnis wie in T a b e l l e 4, a).

Die Ergebnisse lassen sich folgendermaßen zusammenfassen:
1. Bei der Verwendung des Stackregisters als Druckkodespeicher werden nur zehn Stellen der Mantisse, die Zellen 03 bis 12, verwendet,
die ersten drei Stellen also, Zellen 13 bis 15, immer ignoriert.

2. Die Abspeicherung mittels HIR-Befehlen geschieht ohne Veränderung
der Zahl. Bei der Abspeicherung mit OP-Befehlen tritt jedoch neben
der Integerfunktion noch eine Formatierung der Zahl auf. Ist die Anzahl der Ziffern der Integerzahl $Z = Z_0 Z_1 ... Z_n$ gleich z und die um-
geformte Zahl sei Z', dann gilt bei OP Ok, k = 1,2,3,4 :

$$Z = Z_0 Z_1 ... Z_n \xrightarrow{\text{"OP"}} Z' = Z_0, Z_1 Z_2 ... Z_n \cdot 10^{z-13}, \; n = z - 1.$$

3. Obwohl die Kodezahlen immer gleich in den Registern abgelegt werden, ergeben sich je nach Eingabeart verschiedene Druckzeichen und
-positionen. Bei Eingabe mit HIR-Befehlen spielt nur der entsprechende
10stellige Anteil der Mantisse(Zellen 3 bis 12) eine Rolle (T a b e l-
l e 4, d)); die G r ö ß e der Zahl(Exponent) und die ersten drei

Druckerkode

Ziffern in den Zellen 13 bis 15 spielen keine Rolle! Es wird also so
gedruckt, wie es der tatsächlichen Abspeicherung im Register entspricht; d.h., man könnte den 10stelligen Anteil "aus der Mantisse
nehmen" und so betrachten wie einen "normalen" Integerkode bei der
Eingabe mit OP-Befehlen. Bei dieser nun wird die (Integer-) Kodezahl
durch ein Statusflag formatiert(verkleinert). Ausdruck und Positionierung erfolgen so, wie es der G r ö ß e der g a n z e n Zahl in Dezi-
maldarstellung ohne Exponent entspräche, würde man sie in die "Mantisse" schreiben (siehe T a b. 2, 1. und T a b. 4, e)).

Die Ergebnisse der arithmetischen Operationen (insbes. Addition) sind
nur kurz zusammengefaßt; sie sind den T a b e l l e n 2 und 4 zu ent-
nehmen bzw. leicht zu reproduzieren. Zu beachten ist, daß die HIR-
Arithmetik mit Zahlen vom B e t r a g kleiner Eins nur im Exponential-

T a b e l l e 4: Kodepositionierung und -veränderung durch
verschiedene Eingabemethoden

	Befehl		Mantisse	Exp.	OP 05	
	HIR 08	+	2,6 o <u>1</u> o o o o o o o o o o	+ o 3	7....	
a)	Abspeichern von 2601 mittels HIR 08, schreibweise mit Vorzeichen					
	OP 04		2,6 o <u>1</u> o o o o o o o o o o	- o 9	...KO	
b)	Umwandlung der Kodezahl bei "OP"					
	HIR 08		2,6 o <u>1</u> o o o o o o o o o o	- o 9	7....	
c)	Andere Kodeinterpretation bei Eingabe mit "HIR"					
	HIR 08		2,6 o <u>1</u> o o o o o o o o o o	- 3 7	7....	
d)	Die Größe der Zahl spielt bei "HIR" keine Rolle					
	OP 04		2,6 o <u>1</u> o o o o o o o o o o	- o 9		
			0,o o o o o o o o <u>2 6 o 1</u>		...KO	
e)	Interpretation des Kodes bei OP-Eingabe					
	OP 04		2,6 o <u>1</u> o o o o o o o o o o	- o 9	...KO	
		+	1,o o o o o o o o o o o o o	- 1 2		
		=	2,6 o <u>2</u> o o o o o o o o o o	- o 9	-....	
f)	Löschung des OP-Status-Flags bei arithmetischen Operationen, andere Kodeinterpretation					
	HIR 08		1,o o o o o o o o o <u>2 6 o 1</u>	o 2	...KO	
		+	1,o o o o o o o o o o o o o	- 1 o		
		=	1,o o o o o o o o o <u>2 6 o 2</u>	o <u>2</u>	...K1	
g)	Stellengerechte Addition zur Kodezahl					

format durchgeführt werden kann, weil sonst ebenfalls eine Umwandlung erfolgt![4]

4. Bei arithmetischen Operationen wird das OP-Status-Flag gelöscht, d.h. die neue Kodezahl wird so interpretiert, als wäre sie mit HIR-Befehl eingegeben worden! Will man bei OP-Eingabe den Kode verändern, muß man das im Anzeige- oder einem Datenregister tun.

5. Im anderen Fall der Eingabe gilt die "normale" HIR-Arithmetik. Allerdings muß man dabei die G r ö ß e der Zahl berücksichtigen, damit die Kodeziffern richtig in der "Mantisse" stehen. Hat man z.B. 2,601 -37 eingegeben ('7 _ _ _ _'), muß man 1 -40 addieren um 2,602 -37 ('- _ _ _ _') zu erhalten. Will man '_ _ _ K 0' drucken gibt man wie in obigem Beispiel ein, d.h. die Ziffern müssen rechtsbündig stehen. Will man nun '_ _ _ K 1' drucken muß man 1 -10 addieren! Will man den Druckkode durch arithmetische Operationen verändern, muß man also immer Stellung und Betrag der Kodeziffern in der 10stelligen "Mantisse" beachten!

---

[4] Nach der Funktion $y = f(x) = 10^{(2 \cdot Int(1-logIxI)+ logIxI)} \cdot Sig(x)$
(CHIP-Special 2/81, S.27)

Sortierprogramm EINGABE/ORDNUNG

von Hans Krissler

1. Aufgabe

Eine beliebige Anzahl s (abhängig von verfügbaren Speicherplätze) von Zahlen Z soll eingegeben und mit steigender
Reihenfolge geordnet werden.

2. Lösungsweg

2.1 Das Teilprogramm EINGABE soll die Zahlen auf vorläufige
Speicherplätze aufnehmen. Ein Zähler (s) wird mit jeder
Eingabe um eins weitergesetzt und die eingegebene Zahl Z
(indirekt) dem Speicherplatz s zugewiesen.

2.2 Das Teilprogramm ORDNUNG benutzt zwei Zähler: $s(x)$ und
$s(y)$. In einer ersten Schleife wird die größte Zahl ermittelt, wobei $s(y)$ bis Null dekrementiert wird. Dann wird der
Zähler $s(x)$ um eins dekrementiert und die zweitgrößte Zahl
ermittelt usf.

3. Programmbeschreibung

Speicher 00 wird als Gesamtzähler benutzt. Die Zähler $s(x)$
und $s(y)$ werden in den Stack-Registern behalten, wo auch
die Zahlenvergleiche stattfinden.

4. Programmliste

```
            PRP ··                    01*LBL "EINGABE"
                                      02 FIX 0
  01*LBL "EINGABE"                    03 CLST
FIX 0  CLST                           04*LBL 00
                                      05 CLA
  04*LBL 00                           06 1
CLA  1  +  ARCL X                     07 +
"-ZAHL:"  PROMPT                      08 ARCL X
STO IND Y  RDN  GTO 00                09 "-ZAHL:"
                                      10 PROMPT
  14*LBL "ORDNUNG"                    11 STO IND Y
1  -  STO 00                          12 RDN
                                      13 GTO 00
  18*LBL 01                           14*LBL "ORDNUNG"
ENTER↑  ENTER↑                        15 1
RCL IND X                             16 -
                                      17 STO 00
  22*LBL 02                           18*LBL 01
RCL IND Y  X>Y?  X<>Y                 19 ENTER↑
STO IND Z  RDN  DSE Y                 20 ENTER↑
GTO 02  X<> IND Z  RCL Z              21 RCL IND X
DSE X  GTO 01  RCL 00                 22*LBL 02
1 E-3  *  1  +  FIX 4                 23 RCL IND Y
PRREGX  END                          24 X>Y?
                                      25 X<>Y
                                      26 STO IND Z
                                      27 RDN
                                      28 DSE Y
                                      29 GTO 02
                                      30 X<> IND Z
                                      31 RCL Z
                                      32 DSE X
                                      33 GTO 01
                                      34 RCL 00
                                      35 1 E-3
                                      36 *
                                      37 1
                                      38 +
                                      39 FIX 4
                                      40 PRREGX
                                      41 END
```

5. Flußdiagramm

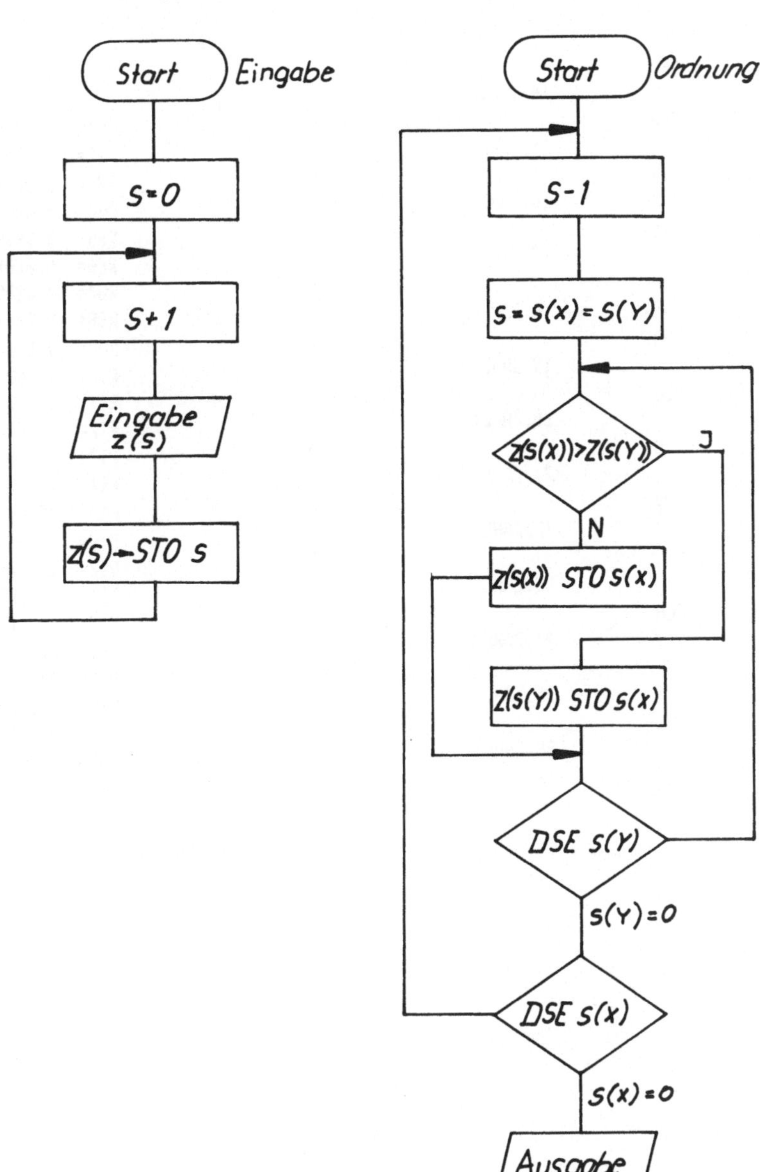

6. Beispiel

	XEQ "EINGABE"					XEQ "ORDNUNG"
1.ZAHL:			14.ZAHL:			
	4.	RUN		12.	RUN	R01= 1.0000
2.ZAHL:			15.ZAHL:			R02= 2.0000
	13.	RUN		19.	RUN	R03= 3.0000
3.ZAHL:			16.ZAHL:			R04= 4.0000
	21.	RUN		20.	RUN	R05= 5.0000
4.ZAHL:			17.ZAHL:			R06= 6.0000
	25.	RUN		24.	RUN	R07= 7.0000
5.ZAHL:			18.ZAHL:			R08= 8.0000
	22.	RUN		10.	RUN	R09= 9.0000
6.ZAHL:			19.ZAHL:			R10= 10.0000
	18.	RUN		9.	RUN	R11= 11.0000
7.ZAHL:			20.ZAHL:			R12= 12.0000
	11.	RUN		6.	RUN	R13= 13.0000
8.ZAHL:			21.ZAHL:			R14= 14.0000
	7.	RUN		2.	RUN	R15= 15.0000
9.ZAHL:			22.ZAHL:			R16= 16.0000
	3.	RUN		15.	RUN	R17= 17.0000
10.ZAHL:			23.ZAHL:			R18= 18.0000
	1.	RUN		14.	RUN	R19= 19.0000
11.ZAHL:			24.ZAHL:			R20= 20.0000
	8.	RUN		17.	RUN	R21= 21.0000
12.ZAHL:			25.ZAHL:			R22= 22.0000
	5.	RUN		23.	RUN	R23= 23.0000
13.ZAHL:			26.ZAHL:			R24= 24.0000
	16.	RUN				R25= 25.0000

Primfaktorenzerlegung

von Hans Krissler

Zerlegung einer Zahl Z (kleiner als $2*10^9$) in ihre
Primfaktoren. Die Operationen werden mit den Stack-Registern
des HP 41 ausgeführt. Zusätzlich zu der Folge für den
Nenner N = 3 + 2*k werden die Vielfachen von 3 weggelassen,
d.h. es wird die Folge für N 2;3;5;7;11;13;17;19;23;25...
Um dies zu ermöglichen, werden Merker (Flags) benutzt:

Merker   Erklärung

00   Anzeigesteuerung für "=" und "*"

01   Erkennung der letzten Zerlegung in einen Primfaktor
          (bzw. in Verbindung mit Merker 00 daß Z eine Primzahl
          ist)

02   von Teiler N=2 auf N=3 setzen

03   von Teiler N=2 auf N=4 setzen

Die zu untersuchende Zahl Z wird der Reihe nach durch die
Folge für N (siehe oben) dividiert und der gebrochene Teil
des Ergebnisses auf Null abgefragt. Diese Routine bricht ab,
wenn N^2 größer als Z ist, dann ist die letzte Zerlegung getan
bzw. es handelt sich bei Z um eine Primzahl.
Eine Verfeinerung nach [1], um die Folge für N weiter zu
reduzieren, würde eine starke Vergrößerung des Programmes
bedeuten! U.a. dadurch hält das Programm in der Ablaufdauer
einem Vergleich mit [1] nicht stand: es wird für Zahlen ab
10^6 über die doppelte Zeit benötigt.
Rechnervoreinstellung: FIX 0; CF 29
Ablauf: Programmstart, nach Eingabeaufforderung Eintasten
von Z und Fortsetzen mit R/S

[1] Primfaktorenzerlegung: Burkhard Schultheis ,
VIEWEG Programmbibliothek Taschenrechner 3 ,
Spezielle mathematische Algorithmen

Start
setze 00,01,02
Eingabe Z
N = N + 2
setze 03
N = N + 4
N² > Z ?
Frc Z/N = 0 ?
02 gesetzt ?
A
A
03 gelöscht? löschen
03 gesetzt? löschen
N = N + 1
02 löschen
N = N + 2
01 löschen
00 gesetzt ?
PRIMZAHL
B
B
00 gesetzt ?
00 gesetzt ?
" = "
00 gelöscht? löschen
" × "
FAKTOR
N = N
01 gesetzt ?
Anzeige
J
N
J
N
J
N
J
N
N
J
N
J
N
J
J
N
J
N
J
N

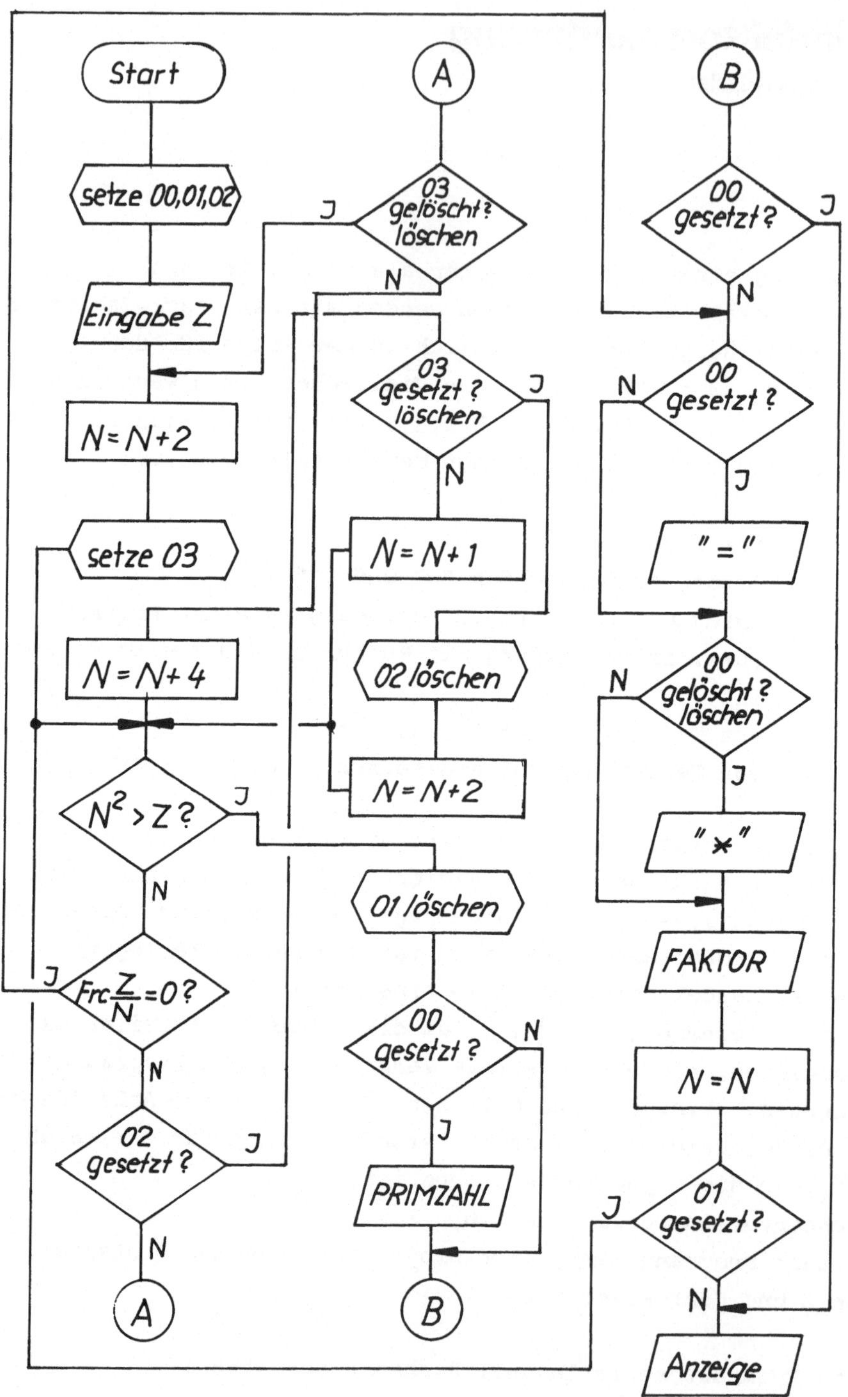

18

Programmliste

```
01*LBL "PRIZA"      34 GTO 00            01*LBL "PRIZA"
02 SF 00            35 GTO 07            SF 00  SF 01  SF 02
03 SF 01            36*LBL 06            CLST  "EINGABE : "
04 SF 02            37 1                 PROMPT  CLA  ARCL X
05 CLST             38 FS?C 03           ENTER↑
06 "EINGABE :       39 GTO 03
07 PROMPT           40 RDN               11*LBL 00
08 CLA              41 2                 2  SF 03  GTO 03
09 ARCL X           42 CF 02
10 ENTER↑           43 GTO 03            15*LBL 07
11*LBL 00           44*LBL 01            4
12 2               45 CF 01
13 SF 03            46 FS? 00             17*LBL 03
14 GTO 03           47 "⊢ IST PRIMZAHL"  ST+ T  X<> T  STO T  X↑2
15*LBL 07           48 FS? 00            X>Y?  GTO 01  X<> L  /
16 4                49 GTO 05            FRC  X=0?  GTO 02  RDN
17*LBL 03           50*LBL 02            ENTER↑  FS? 02  GTO 06
18 ST+ T            51 RDN               FC?C 03  GTO 00  GTO 07
19 X<> T            52 RDN
20 STO T            53 LASTX             36*LBL 06
21 X↑2              54 ENTER↑            1  FS?C 03  GTO 03  RDN
22 X>Y?             55 FS? 00            2  CF 02  GTO 03
23 GTO 01           56 "⊢="
24 X<> L            57*LBL 04            44*LBL 01
25 /                58 FC?C 00           CF 01  FS? 00
26 FRC              59 "⊢*"              "⊢ IST PRIMZAHL"  FS? 00
27 X=0?             60 ARCL Z            GTO 05
28 GTO 02           61 0
29 RDN              62 FS? 01            50*LBL 02
30 ENTER↑           63 GTO 03           RDN  RDN  LASTX  ENTER↑
31 FS? 02           64*LBL 05            FS? 00  "⊢="
32 GTO 06           65 AVIEW
33 FC?C 03          66 END              57*LBL 04
                                        FC?C 00  "⊢*"  ARCL Z  0
                                        FS? 01  GTO 03

                                        64*LBL 05
                                        AVIEW  END
```

Beispiel

```
9=3*3
91=7*13
901=17*53
9001 IST PRIMZAHL
90001 IST PRIMZAHL
900001 IST PRIMZAHL
9000001=61*147541
90000001=7*13*989011
900000001=409*2200489
```

Biorhythmus

von Hans Krissler

1. Aufgabe

Es soll der Biorhythmus berechnet und dargestellt werden.

2. Lösungsweg

2.1 Die Druckerzeile hat 24 Spalten. Für die Aufteilung des numerischen Ausdrucks kann einfach die Spaltenbreite mit 6 gewählt werden, was gleichzeitig dem Inhalt eines Alpha-Registers entspricht: Datumstag, Körperamplitude, Seelenamplitude und Geistamplitude.

2.2 Die graphische Darstellung soll die drei Sinuskurven aufzeigen. Dazu werden die Zeichen (Buchstaben) in der richtigen Reihenfolge in den Druckbuffer geladen.

3. Programmbeschreibung

Die Berechnungsroutine für die Amplitudenwerte ist bei beiden Programmen gleich. Im Gegensatz zu BIORHY1 muß jedoch BIORHY2 der Reihenfolge der drei Werte auf sämtliche Kombinationsmöglichkeiten Rechnung getragen werden. Die Zahlenwerte werden dazu verglichen und für deren Reihenfolge entsprechende Flags gesetzt. Werden gleiche Werte vorgefunden, so wird ein "X" ausgedruckt.

4. Rechnervoreinstellung

FIX 0; Flags 00, 01, 02 gelöscht
die Monatstage für den Ausdruck sind in Programmzeile 15 in der Form .OTT festzulegen.

5.1 Programmliste

```
01♦LBL "BIORHY1"              54♦LBL 01
"   "  ASTO 05               55♦LBL 02
"DAT:    TT.MMJJ"  "⊦JJ"     56♦LBL 03
PROMPT  STO 01  XEQ 04       ARCL IND L  ARCL 05
STO 00                       ASTO X  CLA  DSE L
"GBT:    TT.MMJJ"  "⊦JJ"     ENTER↑  GTO IND L
PROMPT  XEQ 04  ST- 00
RCL 01  INT  .031  +         64♦LBL 00
STO 01  ADV  SF 12           ARCL X  ARCL Y  ARCL Z
"BIORHYTHMUS"  PRA  ADV      ARCL T  PRA  CLA  1
CF 12  "TAG   KOERP "        ST+ 00  ISG 01  GTO 06
"⊦SEELE GEIST"  PRA  ADV     STOP
CLA
                             76♦LBL 04
31♦LBL 06                    INT  ST- L  1 E2  ST* L
2.005 ENTER↑  23.03305       RDN  RCL L  INT  ST- L
                             1 E4  ST* L  RDN  RCL L
35♦LBL 05                    X<>Y  1  +  1/X  CHS
RCL 00  RCL Y  INT  /        X<> L  .7  ST- L  RDN
FRC  360  *  SIN  1 E2       RCL L  INT  ST+ Z  STO L
*  RND  STO IND Z  RDN       RDN  12  ST* L  X<> L  -
ISG Y  ISG X  GTO 05  4      30.6001  *  INT  X<>Y
STO L                        365.25  *  INT  +  +
                             RTN  END
```

5.2 Programmliste

```
 01◆LBL "BIORHY2"
"DAT:    TT.MMJJ" "├JJ"
PROMPT  STO 01  XEQ 04
STO 00
"GBT:    TT.MMJJ" "├JJ"
PROMPT  XEQ 04  ST- 00
RCL 01  INT  .031  +
STO 01  SF 12  ADV
"BIORHYTHMUS"  PRA
CF 12  CLA  ADV  "TAG"
ACA  -100  ACX  10
SKPCHR  100  ACX  PRBUF
ADV

 35◆LBL 06
RCL 01  .J  X<=Y?
GTO 15  1  SKPCHR

 42◆LBL 15
RCL 01  ACX  2.005
ENTER↑  23.03305

 48◆LBL 05
RCL 00  RCL Y  INT  /
FRC  360  *  SIN  60  *
60  +  RND  STO IND Z
RDN  ISG Y  ISG X
GTO 05  RCL 04  RCL 03
RCL 02  X=Y?  SF 00
X<> Z  X=Y?  SF 01
RCL Z  X=Y?  SF 02  X>Y?
X<>Y  RDN  X>Y?  X<>Y
R↑  X>Y?  X<>Y  RCL 02
X=Y?  GTO 11  RDN
RCL 03  X=Y?  GTO 21
RDN  RCL 04  X=Y?
GTO 31

 97◆LBL 02
RDN  STO T  RDN  RCL 02
X=Y?  GTO 12  RDN
RCL 03  X=Y?  GTO 22
RDN  RCL 04  X=Y?
GTO 32

112◆LBL 03
RDN  STO Z  RDN  RCL 02
X=Y?  GTO 13  RDN
RCL 03  X=Y?  GTO 23
RDN  RCL 04  X=Y?
GTO 33
```

```
127◆LBL 11
RDN  FS? 00  GTO 14
FS? 02  GTO 14  SKPCOL
XEQ 07  GTO 02

136◆LBL 21
RDN  FS? 01  GTO 14
SKPCOL  XEQ 08  GTO 02

143◆LBL 31
RDN  SKPCOL  XEQ 09
GTO 02

148◆LBL 12
RDN  ST- Z  RCL Z  CHS
FS? 00  GTO 24  FS? 02
GTO 24  SKPCOL  RDN
XEQ 07  GTO 03

161◆LBL 22
RDN  ST- Z  RCL Z  CHS
FS? 01  GTO 24  SKPCOL
RDN  XEQ 08  GTO 03

172◆LBL 32
RDN  ST- Z  RCL Z  CHS
SKPCOL  RDN  XEQ 09
GTO 03

181◆LBL 13
RDN  ST- Y  RCL Y  CHS
SKPCOL  XEQ 07  GTO 01

189◆LBL 23
RDN  ST- Y  RCL Y  CHS
SKPCOL  XEQ 08  GTO 01

197◆LBL 33
RDN  ST- Y  RDN    RS
SKPCOL  XEQ 09

204◆LBL 01
CF 00  CF 01  CF 02
PRBUF  1  ST+ 00  ISG 01
GTO 06
```

```
213◆LBL 04
INT  ST- L  1 E2  ST* L
RDN  RCL L  INT  ST- L
1 E4  ST* L  RDN  RCL L
X<>Y  1  +  1/X  CHS
X<> L  .7  ST- L  RDN
RCL L  INT  ST+ Z  STO L
RDN  12  ST* L  X<> L  -
30.6001  *  INT  X<>Y
365.25  *  INT  +  +
RTN

254◆LBL 14
SKPCOL  RDN  XEQ 10  5
SKPCOL  RDN  FC?C 00

GTO 03  FC?C 01  GTO 03
FS?C 02  GTO 01  GTO 03

268◆LBL 24
SKPCOL  XEQ 10  GTO 01

272◆LBL 07
127  ACCOL  RDN  8
ACCOL  RDN  20  ACCOL
RDN  34  ACCOL  RDN  65
ACCOL  RTN

288◆LBL 09
62  ACCOL  RDN  65
ACCOL  ACCOL  RDN  81
ACCOL  RDN  112  ACCOL
RTN

302◆LBL 08
38  ACCOL  RDN  73
ACCOL  ACCOL  ACCOL  RDN
50  ACCOL  RTN

314◆LBL 10
99  ACCOL  RDN  20
ACCOL  RDN  8  ACCOL
RDN  20  ACCOL  RDN  99
ACCOL  RTN  END
```

6. Beispiel

```
        XEQ "BIORHY1"                      XEQ "BIORHY2"
DAT:   TT.MMJJJJ               DAT:      TT.MMJJJJ
       01.081983    RUN                  01.081983    RUN
GBT:   TT.MMJJJJ               GBT:      TT.MMJJJJ
       14.011955    RUN                  14.011955    RUN
```

BIORHYTHMUS			
TAG	KOERP	SEELE	GEIST
1.	94.	78.	-37.
2.	82.	62.	-19.
3.	63.	43.	0.
4.	40.	22.	19.
5.	14.	0.	37.
6.	-14.	-22.	54.
7.	-40.	-43.	69.
8.	-63.	-62.	81.
9.	-82.	-78.	91.
10.	-94.	-90.	97.
11.	-100.	-97.	100.
12.	-98.	-100.	99.
13.	-89.	-97.	95.
14.	-73.	-90.	87.
15.	-52.	-78.	76.
16.	-27.	-62.	62.
17.	0.	-43.	46.
18.	27.	-22.	28.
19.	52.	0.	10.
20.	73.	22.	-10.
21.	89.	43.	-28.
22.	98.	62.	-46.
23.	100.	78.	-62.
24.	94.	90.	-76.
25.	82.	97.	-87.
26.	63.	100.	-95.
27.	40.	97.	-99.
28.	14.	90.	-100.
29.	-14.	78.	-97.
30.	-40.	62.	-91.
31.	-63.	43.	-81.

```
BIORHYTHMUS

TAG-100.          100.

 1.      G          S K
 2.       G        S K
 3.        G      S K
 4.         GS K
 5.          S K G
 6.         S K     G
 7.       SK          G
 8.    KS              G
 9. KS                 G
10.KS                  G
11.KS                  G
12.SK                  G
13.S K                 G
14. S K                G
15. S  K              G
16.  S   K           G
17.   S    K    G
18.     S    KG
19.      S G    K
20.     G  S      K
21.     G      S    K
22.    G         S   K
23.   G            S K
24. G               SK
25. G               K S
26.G                K  S
27.G               K   S
28.G             K      S
29.G         K          S
30. G    K            S
31. G K            S
```

Listenmäßiges Sortieren, Prozentuieren und Umrechnen

von Werner Leidel

1. AUFGABENBESCHREIBUNG

Das Programm löst die in der kaufmännischen Alltagspraxis
häufig – und meistens in Massen – auftretenden Probleme
einer möglichst rationellen und listenmäßig ausgegebenen

- Sortierung (Rangliste)
- Prozentuierung zur Gesamtsumme (einzeln und kumuliert)
- Umrechnung in/aus fremde(n) Währungen

für bis zu 90 Zahlen in einem Rechengang. Einleitung, Auslösung von Berechnungen und die Eingabe der zu bearbeiten-
den Zahlen erfolgen bedienerfreunlich und nach kurzer Ein-
weisung auch für Hilfskräfte verständlich über Programm-
adreßtasten.

Änderungen weniger Befehle ergeben praktische Varianten,
die später noch beschrieben werden.

2. PROGRAMMABLAUF

2.1. Vorbereitungen

- Speicherbereichsverteilung: 10 2nd Op 17 = 159.99
- Programm einlesen oder eintasten. Auflistung siehe
  Punkt 5.2.
- ggf. Befehlskorrekturen für Varianten (Punkt 3)

2.2. Einleitung (PSS 000 – 009; Segment E)

- Umrechnungskurs in richtiger Dimension (1 Fremd-
  währungseinheit = x DM) oder entsprechend der ge-

wünschten Ausgabeform (z.B. Millionen statt tausend)
über E eingeben.

- Gleichzeitig wird Laufspeicher 05 mit der Indexva-
riablen 5 aufgeladen; über dieses Register erfolgt
indirekt und unter Mittäterschaft der Op 25 die
fortlaufende Abspeicherung der eingegebenen Zahlen.

- Kurs wird zur Kontrolle ausgedruckt.

2.3. Eingabe der Ausgangswerte und Abspeicherung
(PSS 010 - 019; Segment A)

Nach Eingabe erfolgt fortlaufende Abspeicherung ge-
mäß Inhalt von 05, Summierung auf 99 und Ausdruck
zur Kontrolle,

A c h t u n g !
Bei Varianten   m i t   Sortierung   l e t z t e
Eingabe bewußt " Null A". Grund: Sortierteilprogramm
arbeitet mit Null als Sperrstelle, die Zyklus für
Zyklus nach vorn verschoben wird und nach Schluß der
Sortierung auf R 06 steht. [1)]

Bei Variationen   o h n e   Sortierung   e r s t e
Eingabe Null, da ansonsten bei der späteren Berechnung auch die Inhalte der Register 00 - 05 mit be-
arbeitet werden.

2.4. Berechnungen (PSS 020 - 152, Segment B)

2.4.1. Sortierung (steigend, PSS 020 - 083)

Abgesehen von der Auslösung über Programmlabel und
dem direkten Sprung zum nächsten Programmteil ist
dieses Segment identisch mit dem bei Toelke beschriebenen Bild 1 - 9b. [2)] Ablaufplan und Systematik
sind dort ebenfalls beschrieben. [3)]

Literatur: Toelke, ApT 11,   [1)] Seite 19 und 23
    [2)] Seite 20
    [3)] Seite 22

2.4.2. Prozentuierung (einzeln und kumuliert, fallend,
       PSS 084 - 124 einschl. Vorabaktionen, Segment C)
       Übernahme des Inhalts von R 05 in R 04 erhält die-
       sen (= Adresse des höchsten belegten Sortierspei-
       chers) für weitere Rechnungen bei Varianten ohne
       Prozentuierung (z.B. 3.2.3.)

       Steuerung der Prozentuierung zur Basis R 99 dann
       indirekt gemäß Inhalt R 04 über DSZ-Schleife und
       Sprung zum nächsten Programmteil bei Inhalt von
       *04 = 0.

       Ausgedruckt werden
       - Gesamtsumme Ausgangswerte
       - Eingaben, fallend sortiert, jeweils mit
         - Einzel- und
         - Kumulativprozenten, jeweils mit 2 Dezimalstellen.
         - Null als Schlußzeichen.

2.4.3. Umrechnung der Ausgangswerte (fallend, PSS 125-152;
       Segment D)

       Löschung des R 99, das anschließend zur Aufnahme
       bzw. Summierung der umgerechneten Werte dient,
       schafft für extrem seltene Bedarfsfälle einen zu-
       sätzlichen Sortierspeicher.

       Steuerung der Rechnung indirekt über R 05 und DSZ-
       schleife.

       Ausgedruckt werden paarweise
       - Ausgangswerte ohne Veränderung Dezimalposition
       - umgerechnete Werte mit 2 Dezimalstellen
       - Null als Schlußsignal.

2.4.4. Abschlußoperationen, Vorbereitung neuer Rechnung

       - Ausdruck Summe umgerechneter Werte
       - Löschung aller Datenspeicher und des Anzeigere-
         gisters
       - erneuter Durchlauf des Einleitungsteils mit Null
         als ausgedrucktem Kurs
       (PSS 153 - 159)

26

Für eine neue Berechnung genügt es, falls umgerechnet werden muß, den Kurs erneut über E einzugeben; wird ohne Umrechnung gearbeitet, kann man sofort die neuen Zahlen eingeben.

3. VARIATIONSMÖGLICHKEITEN

Mit der Überschreibung weniger Programmbefehle lassen sich die Möglichkeiten des Grundprogramms sinnvoll erweitern bzw. auf das erforderliche Maß reduzieren, indem nicht benötigte Teile übergangen werden.

Vor der Verwendung von "Insert" - und "Delete"- Befehlen wird angesichts vollständiger Ausnutzung der Speicherbereiche und der zahlreichen Sprungadressen bei Eigenexperimenten ausdrücklich gewarnt.

3.1. Fortlassen von Druckbefehlen (NOP-Überschreibung) auf
- PSS 002 heißt:Kurs wird nicht ausgedruckt;
- PSS 018 heißt: Ausgangswerte werden nicht ausgedruckt, viel Papier wird gespart.

3.2. Ausführung von Teilen oder Teilkombinationen

3.2.1. Nur Sortierung und Umrechnung
- Letzte Eingabe Null
- PSS 092 - 094 mit GTO 1 27 überschreiben, damit Summe Ausgangswerte noch ausgedruckt wird
- Berechnung über B auslösen.

3.2.2. Nur Sortierung und Prozentuierung
- Letzte Eingabe Null
- Sprungadresse im x = t-Test auf PSS 101 - 103 von 127 in 157 ändern
- Auslösung Berechnung B.

3.2.3. Nur Prozentuierung und Umrechnung
- Erste Eingabe Null
- Berechnung über C auslösen.

3.2.4. Nur Prozentuierung

- Erste Eingabe Null
- Adressenänderung wie 3.2.2.
- Auslösung Berechnung über C.

3.2.5. Nur Umrechnung

- Erste Eingabe Null
- Überschreibung PSS 092 - 094 mit GTO 1 27
  "rettet" Summe Ausgangswerte
- Auslösung Berechnung über C

3.2.6. Nur Sortierung bei nicht verfügbarem Drucker

Adresse im x=t-Test auf PSS 044 - 046 von 085 (Beginn
der Sortierung) in 009 oder 019 (Stop) ändern. Sor-
tierte Zahlen stehen dann steigend ab R 07 und können
über RCL-Befehle sichtbar gemacht werden.

3.2.7. Sortierung und automatische Auflistung

Programmüberschreibung ab PSS 092 (wenn Summe Ausgangswerte noch erwünscht) bzw. ab 086 (falls entbehrlich)
nach folgendem Schema unter Ignorierung der verblei-
benden Befehle:

<u>steigende</u>	<u>fallende</u> Auflistung
7	RC*
STO	05
05	PRT
RC*	EQ
05	01
PRT	57
EQ	DSZ
01	05
57	00
OP	92 (bzw. 86)
25	
GTO	
00	
95 (bzw. 89)	

Die automatische Auflistung ist auf diesem Wege sinn-
voller als über 7 INV LIST, da sie automatisch bei
Inhalt Null stoppt.

**3.3. Sortierung wie vor, jedoch Prozentuierung auf anderer
Basis als der Summe der eingegebenen Werte (z.B. Mehr-
fachnennungen bei Befragungen)**

Folgende Befehle ändern:

<u>PSS</u>	<u>NEUER Befehl</u>	<u>Bemerkungen</u>
002	NOP	
003	STO	Basis, diespäter ohnehin
004	99	ausgedruckt wird
016	NOP	Ausgangswerte werden nicht
017	NOP	summiert und, falls nicht
		erwünscht, bei Eingabe
(018	NOP)	nicht ausgedruckt.
101	EQ	Umrechnungsteil entfällt
102	01	
103	57	

- Basis vor Eingabe Ausgangswerte über E eingeben
- Berechnung über B auslösen und auf letzte Eingabe
  Null achten.

4. BEISPIELRECHNUNG UND GESTOPPTE ZEITEN

4.1. Praktisches Problem:
In einem Teilsektor des amerikanischen Marktes sind
9 Firmen mit einzelnen bekannten Umsätzen von ($ mio)

275	625
419	119
88	527
315	396
12	

tätig; die übrigen Wettbewerber erreichen zusammen 76.
Rangliste mit Einzel- und Kumulativanteilen am Markt
und Gegenwerte in Mio DM beim Kurs von DM 2,25 für
den US-$ sind zu ermitteln.

4.1.1. Darstellung auf Druckerstreifen mit Anmerkungen

```
  2.25   = Kurs

275.     = Kontrollausdruck der
419.
 88.       Eingaben einschließlich
315.       der letzten Null
 12.
625.
119.
527.
396.
 76.
  0.
```

```
                                625.    = $-Wert (max.)
                            1406.25    = DM-Gegenwert
```

```
2852.  1)        275.              527.
                   9.64          1185.75
                  89.66
 625.  2)                          419.
21.91  3)                         942.75
21.91  4)        119.
                   4.17
                  93.83
 527.                              396.
18.48                             891.00
40.39
                  88.
                   3.09           315.
 419.             96.91          708.75
14.69
55.08
                  76.             275.
                   2.66          618.75
 396.             99.58
13.88
68.97                             119.
                  12.            267.75
                   0.42
 315.            100.00
11.04                              88.
80.01                            198.00
                    0.  5)
                                   76.
                                 171.00
```

1) Summe $

2) höchster $-Wert

3) % einzeln

4) % kumuliert

5) Ende der
   Prozentuierung

```
                                 12.
                                27.00


                                  0.    = Ende der Umrechnung


                               6417.    = Summe DM-Werte
                                  0.    = Gerät für neue
                                          Rechnung bereit.
```

4.1.2. Gestoppte Zeit: 2' 05"

Für ein anderes Problem mit 30 Zahlen zwischen 164
und 31657 wurden 15' 09" gestppt. Alle Zeiten gelten
von der Betätigung der B-Taste bis zu Beendigung des
Ausdrucks.

Genaue Abhängigkeiten der Laufzeit von Anzahl und/
oder Göße der zu sortierenden Zahlen (die meiste
Zeit beansprucht das zyklisch arbeitende Sortierseg-
ment) lassen sich nicht ermitteln; eine überproportio-
nale Zunahme, zumindest eine nichtlineare, ist wahr-
scheinlich. Lt. Toelke scheint eher die zufällige
Reihenfolge der eingegebenen Zahlen ausschlaggebend
zu sein. [4]

5. TECHNISCHE DATEN DES GRUNDPROGRAMMS

5.1. Grundinformationen

Speicherbereichsverteilung:	159.99
Programmschritte:	160, Karte Block 1
Laufregister:	5 (00-02, 04,05)
Festdatenspeicher:	1 (03)
Additionsspeicher:	2 (98 und 99)
T-Register?	ja, im Sortierteil unterschiedlich, später grundsätzlich Null.
Sortierspeicher:	max. 90
DSZ-Schleifen:	2 (außerhalb Sortierteil)
Adressierung bei Sprüngen:	absolut, trotzdem Kennzeichnung jedes Teils mit Label
Eingaben/Berechnungen:	Programmadreßtasten
Flags:	keine
Unterprogramme:	keine
Drucker:	obligatorisch; PC 100 C
Software-Modul:	beliebig.

---

[4] Toelke, a.a.O., Seite 23

5.2. Label und Funktionen

E (PSS 001) = Einleitung und Kurseingabe

A (PSS 011) = Eingabe Ausgangswerte

B (PSS 021) = Auslösung Sortierung und Folgerechnungen

C (PSS 085) = Prozentuierungsteil

D (PSS 126) = Umrechnungsteil

5.3. Programmauflistung

000	76	LBL	040	01	01	080	00	00	120	98	ADV
001	15	E	041	32	X!T	081	61	GTO	121	97	DSZ
002	99	PRT	042	43	RCL	082	00	00	122	04	04
003	42	STO	043	00	00	083	32	32	123	00	00
004	03	03	044	67	EQ	084	76	LBL	124	96	96
005	05	5	045	00	00	085	13	C	125	76	LBL
006	42	STO	046	86	86	086	29	CP	126	14	D
007	05	05	047	43	RCL	087	43	RCL	127	98	ADV
008	98	ADV	048	02	02	088	99	99	128	00	0
009	91	R/S	049	63	EX*	089	98	ADV	129	42	STO
010	76	LBL	050	00	00	090	99	PRT	130	99	99
011	11	A	051	69	OP	091	98	ADV	131	73	RC*
012	69	OP	052	30	30	092	43	RCL	132	05	05
013	25	25	053	72	ST*	093	05	05	133	22	INV
014	72	ST*	054	00	00	094	42	STO	134	58	FIX
015	05	05	055	61	GTO	095	04	04	135	99	PRT
016	44	SUM	056	00	00	096	73	RC*	136	67	EQ
017	99	99	057	25	25	097	04	04	137	01	01
018	99	PRT	058	32	X!T	098	22	INV	138	53	53
019	91	R/S	059	43	RCL	099	58	FIX	139	65	×
020	76	LBL	060	02	02	100	99	PRT	140	43	RCL
021	12	B	061	32	X!T	101	67	EQ	141	03	03
022	06	6	062	22	INV	102	01	01	142	95	=
023	42	STO	063	77	GE	103	27	27	143	58	FIX
024	01	01	064	00	00	104	55	÷	144	02	02
025	43	RCL	065	73	73	105	43	RCL	145	44	SUM
026	01	01	066	42	STO	106	99	99	146	99	99
027	42	STO	067	02	02	107	65	×	147	99	PRT
028	00	00	068	69	OP	108	01	1	148	98	ADV
029	25	CLR	069	20	20	109	00	0	149	97	DSZ
030	42	STO	070	61	GTO	110	00	0	150	05	05
031	02	02	071	00	00	111	95	=	151	01	01
032	73	RC*	072	32	32	112	58	FIX	152	31	31
033	00	00	073	69	OP	113	02	02	153	43	RCL
034	29	CP	074	30	30	114	99	PRT	154	99	99
035	22	INV	075	63	EX*	115	44	SUM	155	98	ADV
036	67	EQ	076	00	00	116	98	98	156	99	PRT
037	00	00	077	69	OP	117	43	RCL	157	47	CMS
038	58	58	078	20	20	118	98	98	158	25	CLR
039	43	RCL	079	63	EX*	119	99	PRT	159	81	RST

6. SCHLUSSBEMERKUNGEN

Das Programm erleichtert die Lösung vieler an sich nicht
schwieriger, durch ihr Auftreten in Massen jedoch wenig
angenehmer und zeitraubender Probleme. Es hat sich bei der
eigenen Tätigkeit (Marktforschung, besonders Auswertungen
Ländermarktdaten und Tabellenbände von Instituten nach un-
terschiedlichsten Gesichtspunkten) nicht zuletzt wegen
seiner Variabilität bewährt. Die für die genannten Varianten
erforderlichen Befehlsänderungen sind weniger kompliziert
als sie beim ersten Lesen erscheinen.

Der Nachteil der relativ langen Laufzeit bei größeren Zahlen-
mengen läßt sich durch eine eine ebenfalls ausgeprüfte
FAST-Modusversion überkommen, die die in 4.1.2. genannten
Zeiten auf 1'12" bzw. 8'11" verkürzt, allerdings auf
Kosten des Eingabekomforts und -tempos und der Variabilität.

7. LITERATUR

Toelke, Arnim:
Programmorganisation und indirektes Programmieren für
AOS-Rechner (Anwendung programmierbarer Taschenrechner,
Band 11)
Braunschweig-Wiesbaden; Vieweg 1982
- besonders Abschnitt 1.1.1.3., Seite 16 - 24

Trafoberechnung

von Norbert Hoffmann

<u>Hinweis</u>: Das Programm ist für den TI-59 geschrieben und
benötigt den Drucker

1 ALLGEMEINES ZUR BERECHNUNG EINES TRAFOS

Ein Transformator (kurz Trafo genannt) dient zur Übertragung
von Wechselstromleistung. Er besteht aus einem Eisenkern und
im allgemeinen aus einer Primär- und ein oder mehreren Sekun-
därwicklungen. Durch Wahl des Verhältnisses der Windungszahlen
von Primär- und Sekundärwicklung kann eine gegebene Primär-
spannung in eine beliebige Sekundärspannung umgesetzt werden.

Die Vorgangsweise bei der Auswahl bzw. Berechnung eines Trafos
hängt natürlich vom jeweiligen Anwendungsfall ab. Die folgenden Ausführungen sind daher als Vorschlag zu betrachten.

a) Zunächst wird der Eisenkern festgelegt. In erster Linie ist
   hierfür die zu übertragende Scheinleistung maßgebend. Die
   erforderlichen Daten findet man in DIN 41 300 oder in Druck-
   schriften von Herstellern (z.B. [1] , [2]).

b) Ist der Kern ausgewählt, muß als nächstes die magnetische
   Induktion bestimmt werden. Die in den DIN-Normen angegebe-
   nen Werte sind für maximale übertragbare Leistung ausgelegt.
   Im allgemeinen ist eine kleinere Induktion zu empfehlen.

c) Bei gegebener Induktion können die Windungszahlen nach
   folgender Formel berechnet werden:

$$N = \frac{U \cdot 10^8}{4{,}44 \cdot f \cdot q_{Fe} \cdot B}$$

Dabei ist: N   = Windungszahl

                     U   = angelegte Spannung

                     f   = Frequenz in Hz

                     q_{Fe} = Eisenquerschnitt in cm^2

                     B   = Induktion in G

In der Praxis ist es vorteilhaft, nur für eine Spannung die
Windungszahl zu bestimmen (bei Netztrafos zweckmäßigerweise
für die Netzspannung) und die anderen Windungszahlen pro-
portional umzurechnen.

d) Aus den Strömen und der maximalen Stromdichte werden die erforderlichen Drahtquerschnitte berechnet.

e) Mit diesen Daten kann nun die "Bauvorschrift" des Trafos erstellt werden. Sie gibt an, wie der vorhandene Wickelraum
   belegt wird. Der Draht wird dabei in Lagen aufgebracht; die
   einzelnen Lagen können durch eine Lagenisolation voneinan-
   der getrennt werden.

f) In manchen Fällen ist es nützlich, das Kupfergewicht, den
   ohmschen Widerstand und den Spannungsabfall jeder Wicklung
   zu kennen. Zu diesem Zweck sind in den Normen Windungslängen (innen, Mitte, außen) angegeben. Diese Werte können dazu dienen, die Bauvorschrift zu korrigieren.

g) Wenn die Bauvorschrift fertiggestellt ist, sollten folgende
   Punkte kontrolliert werden:
        Gesamte Wickelhöhe
        Induktion
        Leerlaufspannungen der einzelnen Wicklungen.

2 PROGRAMM ZUR BERECHNUNG

2.1 Daten

Die vom Programm benötigten Daten stehen in den Blöcken 3 und
4 des TI-59. Block 4 enthält für den betreffenden Kern typische
Werte (Speicher 00-18) sowie verschiedene feste Zahlenwerte
(22-29). Block 3 enthält die Arbeitsspeicher (30-44) sowie
Texte zum Drucken (45-59). Die Speicher und ihre Bedeutung
stehen in T a b e l l e 1.

Tabelle 1 Speicher und ihre Bedeutung (Berechnungsprogramm)

Block 4	Block 3
kernspezifische Werte	**Arbeitsregister**
00 Text für Kern	30 Zunahme bei Flachdraht (mm)
01 Text für Kern	31 Durchmesser blank (mm)
02 Induktion (G)	32 V/Wdg. bzw. Wdg./V
03 Eisengewicht (kg)	33 Drahtbreite bzw. Durchmesser (mm)
04 Blechstärke (mm)	34 Drahthöhe (mm)
05 Kupfergewicht (kg)	35 eff. Drahtbreite bzw. Durchm. (mm)
06 Blechanzahl	36 eff. Drahthöhe (mm)
07 Fe-Querschnitt (cm^2)	37 Windungszahl pro Lage
08 Wickelbreite (mm)	38 Lagenzahl aufgerundet
09 Wickelhöhe (mm)	39 Lagenisolation (mm)
10 Windungsl. innen (m)	40 Drahtquerschnitt (mm^2)
11 Windungsl.	41 Ind. Adr. f. Windungslänge
12 Windungsl. Mitte	42 Windungszahl
13 Windungsl.	43 Spannung
14 Windungsl. außen	44 Strom
15 Stromdichte (A/mm^2)	**Text**
16 Leistung (VA)	45 ZUN
17 Wirkungsgrad	46 HOEH
18 Frequenz	47 BREI
allgemeine Werte	48 MD
19	49 MQ
20	50 ED
21	51 1-5
22 1000	52 ZUN
23 1.1	53 ISOL
24 spez. Widerst. Cu	54 WZ
25 a (Durchmesserber.)	55 W/L
26 b (Durchmesserber.)	56 FLA
27 c (Durchmesserber.)	57 RUND
28 $10^8/4{,}44$	58 FREQ
29 spez. Gew. Cu	59 BLST

2.2 Programm

Das Programm ist in Tabelle 2 aufgelistet.

Tabelle 2   Berechnungsprogramm

000	76	LBL	051	55	−	102	98	ADV	153	43	RCL
001	22	INV	052	43	RCL	103	22	INV	154	57	57
002	42	STO	053	18	18	104	58	FIX	155	69	OP
003	31	31	054	55	−	105	02	2	156	02	02
004	53	(	055	43	RCL	106	04	4	157	01	1
005	24	CE	056	07	07	107	71	SBR	158	05	5
006	85	+	057	22	INV	108	69	OP	159	69	OP
007	43	RCL	058	52	EE	109	43	RCL	160	03	03
008	25	25	059	92	RTN	110	44	44	161	43	RCL
009	65	x	060	76	LBL	111	91	R/S	162	56	56
010	53	(	061	14	D	112	42	STO	163	71	SBR
011	53	(	062	42	STO	113	44	44	164	69	OP
012	43	RCL	063	43	43	114	99	PRT	165	69	OP
013	31	31	064	43	RCL	115	43	RCL	166	00	00
014	85	+	065	02	02	116	49	49	167	00	0
015	43	RCL	066	91	R/S	117	69	OP	168	91	R/S
016	26	26	067	53	(	118	04	04	169	76	LBL
017	54	)	068	53	(	119	53	(	170	12	B
018	55	+	069	24	CE	120	43	RCL	171	01	1
019	43	RCL	070	55	+	121	44	44	172	06	6
020	27	27	071	43	RCL	122	55	+	173	71	SBR
021	54	)	072	43	43	123	43	RCL	174	91	R/S
022	23	LNX	073	54	)	124	15	15	175	71	SBR
023	54	)	074	35	1/X	125	54	)	176	23	LNX
024	92	RTN	075	65	x	126	58	FIX	177	42	STO
025	76	LBL	076	71	SBR	127	02	02	178	40	40
026	23	LNX	077	25	CLR	128	69	OP	179	43	RCL
027	53	(	078	54	)	129	06	06	180	50	50
028	24	CE	079	92	RTN	130	22	INV	181	69	OP
029	33	X^2	080	76	LBL	131	58	FIX	182	04	04
030	65	x	081	15	E	132	32	X↔T	183	43	RCL
031	89	π	082	53	(	133	43	RCL	184	33	33
032	55	÷	083	24	CE	134	48	48	185	71	SBR
033	04	4	084	55	÷	135	69	OP	186	22	INV
034	54	)	085	91	R/S	136	04	04	187	42	STO
035	92	RTN	086	54	)	137	32	X↔T	188	35	35
036	76	LBL	087	42	STO	138	71	SBR	189	42	STO
037	24	CE	088	32	32	139	24	CE	190	36	36
038	53	(	089	76	LBL	140	58	FIX	191	58	FIX
039	24	CE	090	28	LOG	141	02	02	192	02	02
040	65	x	091	91	R/S	142	69	OP	193	69	OP
041	04	4	092	53	(	143	06	06	194	06	06
042	55	÷	093	24	CE	144	00	0	195	22	INV
043	89	π	094	65	x	145	22	INV	196	58	FIX
044	54	)	095	43	RCL	146	58	FIX	197	43	RCL
045	34	√X	096	32	32	147	69	OP	198	55	55
046	92	RTN	097	54	)	148	00	00	199	69	OP
047	76	LBL	098	61	GTO	149	01	1	200	04	04
048	25	CLR	099	28	LOG	150	04	4	201	53	(
049	43	RCL	100	76	LBL	151	69	OP	202	43	RCL
050	28	28	101	11	H	152	01	01	203	08	08

Fortsetzung

204	55	÷	257	99	PRT	310	41	41	363	45	45
205	43	RCL	258	02	2	311	65	×	364	71	SBR
206	35	35	259	03	3	312	43	RCL	365	69	OP
207	75	−	260	69	OP	313	42	42	366	43	RCL
208	43	RCL	261	04	04	314	55	÷	367	30	30
209	23	23	262	53	(	315	43	RCL	368	91	R/S
210	54	)	263	43	RCL	316	22	22	369	42	STO
211	59	INT	264	38	38	317	54	)	370	30	30
212	42	STO	265	65	×	318	58	FIX	371	99	PRT
213	37	37	266	43	RCL	319	02	02	372	53	(
214	69	OP	267	36	36	320	69	OP	373	24	CE
215	06	06	268	85	+	321	06	06	374	85	+
216	76	LBL	269	53	(	322	22	INV	375	43	RCL
217	18	C'	270	43	RCL	323	58	FIX	376	33	33
218	43	RCL	271	38	38	324	03	3	377	54	)
219	54	54	272	75	−	325	05	5	378	42	STO
220	71	SBR	273	01	1	326	69	OP	379	35	35
221	69	OP	274	54	)	327	04	04	380	53	(
222	43	RCL	275	65	×	328	71	SBR	381	43	RCL
223	42	42	276	43	RCL	329	44	SUM	382	30	30
224	91	R/S	277	39	39	330	69	OP	383	85	+
225	42	STO	278	54	)	331	06	06	384	43	RCL
226	42	42	279	58	FIX	332	04	4	385	34	34
227	99	PRT	280	02	02	333	01	1	386	54	)
228	02	2	281	69	OP	334	69	OP	387	42	STD
229	07	7	282	06	06	335	04	04	388	36	36
230	69	OP	283	43	RCL	336	53	(	389	53	(
231	04	04	284	51	51	337	43	RCL	390	43	RCL
232	53	(	285	71	SBR	338	44	44	391	33	33
233	53	(	286	69	OP	339	65	×	392	65	×
234	43	RCL	287	00	0	340	71	SBR	393	43	RCL
235	42	42	288	91	R/S	341	44	SUM	394	34	34
236	55	÷	289	99	PRT	342	54	)	395	54	)
237	43	RCL	290	32	X↔T	343	69	OP	396	42	STO
238	37	37	291	02	2	344	06	06	397	40	40
239	54	)	292	02	2	345	91	R/S	398	43	RCL
240	59	INT	293	69	OP	346	76	LBL	399	55	55
241	85	+	294	04	04	347	13	C	400	69	OP
242	01	1	295	53	(	348	43	RCL	401	04	04
243	54	)	296	32	X↔T	349	47	47	402	53	(
244	42	STO	297	85	+	350	71	SBR	403	43	RCL
245	38	38	298	09	9	351	91	R/S	404	08	08
246	69	OP	299	54	)	352	43	RCL	405	55	÷
247	06	06	300	42	STO	353	46	46	406	43	RCL
248	43	RCL	301	41	41	354	71	SBR	407	35	35
249	53	53	302	53	(	355	69	OP	408	75	−
250	71	SBR	303	43	RCL	356	43	RCL	409	43	RCL
251	69	OP	304	40	40	357	34	34	410	23	23
252	43	RCL	305	65	×	358	91	R/S	411	54	)
253	39	39	306	43	RCL	359	42	STO	412	59	INT
254	91	R/S	307	29	29	360	34	34	413	42	STO
255	42	STO	308	65	×	361	99	PRT	414	37	37
256	39	39	309	73	RC✱	362	43	RCL	415	69	OP

Fortsetzung

416	06	06	427	65	x	438	58	FIX	449	33	33
417	61	GTO	428	43	RCL	439	69	OP	450	91	R/S
418	18	C'	429	42	42	440	04	04	451	42	STO
419	76	LBL	430	55	÷	441	69	OP	452	33	33
420	44	SUM	431	43	RCL	442	05	05	453	99	PRT
421	53	(	432	40	40	443	92	RTN	454	92	RTN
422	43	RCL	433	54	)	444	76	LBL	455	00	0
423	24	24	434	92	RTN	445	91	R/S			
424	65	x	435	76	LBL	446	71	SBR			
425	73	RC✱	436	69	OP	447	69	OP			
426	41	41	437	22	INV	448	43	RCL			

2.3 Programmbedienung

2.3.1 Speicherung des Programms auf Magnetkarten

Zweckmäßigerweise werden Programm und Daten auf Magnetkarten
gespeichert. Dazu tippt man das Programm (Tabelle 2) in den
Rechner ein. Die Datenregister 45-59 werden mit den Zahlen aus
T a b e l l e 3 belegt, die übrigen Register von Block 3 sollten 0 enthalten. Der Block 4 muß für jeden Trafotyp eigens
erstellt werden (s. Abschnitt 3).

Tabelle 3 Daten zur Berechnung für M74

30.	00	0.	20	0.	40
805.	01	0.	21	0.	41
13900.	02	1000.	22	0.	42
0.93	03	1.1	23	0.	43
0.5	04	0.01786	24	0.	44
0.277	05	0.0305	25	464131.	45
64.	06	0.298	26	23321723.	46
6.6	07	0.23	27	14351724.	47
44.6	08	22522522.52	28	3016.	48
11.6	09	8.93	29	3034.	49
0.124	10	0.	30	1716.	50
0.142	11	0.	31	22006.	51
0.16	12	0.	32	464131.	52
0.1785	13	0.	33	24363227.	53
0.197	14	0.	34	4346.	54
3.51	15	0.	35	436327.	55
62.	16	0.	36	212713.	56
0.74	17	0.	37	35413116.	57
50.	18	0.	38	21351734.	58
0.	19	0.	39	14273637.	59

2.3.2 Eingabe des Programms

Die kernunabhängigen Blöcke 1-3 sowie der kernspezifische Datenblock 4 werden in den Rechner eingelesen.

2.3.3 Bestimmung der Windungszahl aus der Induktion

Hier wird der Drucker nicht benötigt.

a) Spannung eingeben, D drücken

b) Induktion wird angezeigt. Falls gewünscht, andere Induktion
   eingeben (Berechnungen nur unter Verwendung von Klammern!),
   R/S drücken

c) Windungszahl wird angezeigt

2.3.4 Bestimmung der Windungszahlen

Hier wird der Drucker ebenfalls nicht benötigt.

a) Windungszahl eingeben, E drücken

b) Spannung der betreffenden Wicklung eingeben, R/S drücken

c) Gewünschte Spannung einer weiteren Wicklung eingeben,
   R/S drücken

d) Windungszahl dieser Wicklung wird angezeigt

e) Für weitere Wicklungen Prozedur ab c) wiederholen

2.3.5 Berechnung einer Wicklung

Die Vorgangsweise bei der Berechnung einer Wicklung ist in
T a b e l l e 4 zusammengestellt.
Erläuterungen:

a) Nach jeder Eingabe (Funktionstaste oder R/S) werden Werte
   gedruckt (falls erforderlich), anschließend fordert der
   Drucker zu einer weiteren Eingabe auf (vgl. Beispiel
   T a b e l l e 5).

b) Nach jeder Zahleneingabe ist die Taste R/S zu drücken.

Tabelle 4 Berechnung einer Wicklung

Eingabe:	A drücken
	Strom eingeben (A)
Ausgabe:	minimaler Drahtquerschnitt (mm^2)
	minimaler Drahtdurchmesser (mm)

Eingabe:	B drücken (Runddraht)	Eingabe:	C drücken (Flachdraht)
	Drahtdurchmesser (mm)		Drahtbreite (mm)
Ausgabe:	eff. Durchmesser (mm)		Drahthöhe (mm)
			Zunahme (mm)

Ausgabe:	Windungszahl pro Lage
Eingabe:	Windungszahl der Wicklung
Ausgabe:	Anzahl der Lagen
Eingabe:	Dicke der Lagenisolation (mm)
Ausgabe:	Höhe der Wicklung (mm)
Eingabe:	Lage der Wicklung (1, 2, 3, 4 oder 5)
Ausgabe:	Drahtgewicht (kg)
	Wicklungswiderstand (Ohm)
	Spannungsabfall (V)

c) Effektiver Durchmesser: Drahtdurchmesser einschließlich
   Isolierung (Cu-Lackdraht); Berechnung nach der Formel

$$D = d + a \ln((d+b)/c)$$

   mit D = effektiver Durchmesser
   d = Durchmesser ohne Isolierung
   a,b,c siehe Tabelle 1 und Tabelle 3, Speicher 25, 26, 27

d) Zunahme bei Flachdraht: die gesamte Dicke der Isolierung

e) Lage der Wicklung: Eine ganze Zahl zwischen 1 und 5 ist
   einzugeben; 1 = innen, 3 = Mitte, 5 = außen

2.3.6 Kontrolle der Wickelhöhe

Zwischen den einzelnen Wicklungen eines Trafos sind im allgemeinen einige Lagen aus Isoliermaterial angebracht. Deren Höhe
und die Höhe der einzelnen Wicklungen dürfen zusammengenommen
die verfügbare Wickelhöhe nicht übersteigen.

Tabelle 5 Berechnungsbeispiel

```
                    I                                    ISOL
   0.35                                    0.05
   0.10          MQ                        1.85             H
   0.36          MD                                        1-5
B  RUND   C      FLA                         4.
                 D                         0.07             G
    0.4                              .4157417712            R
   0.43          ED                  .8314835424            U
  101.           W/L
                 WZ
                                                            I
 1081.
   11.           L                          25.
                 ISOL                       7.12            MQ
   0.05                                     3.01            MD
   5.27          H                    B   RUND   C          FLA
                 1-5                                        BREI
    2.                                       4.
   0.17          G                                         HOEH
21.81652765      R                           2.
7.635784678      U                                         ZUN
                                            0.1
                                             9.            W/L
                    I                                      WZ
    2.                                       5.
   0.57          MQ                          1.            L
   0.85          MD                                        ISOL
B  RUND   C      FLA                        0.15
                 D                          2.10           H
   0.85                                                    1-5
   0.90          ED                          5.
   48.           W/L                        0.07           G
                 WZ                    .0021990125          R
   74.                                .0549753125          U
    2.           L
```

2.3.7 Kontrolle der Induktion

a) Spannung eingeben, D drücken

b) Windungszahl eingeben, R/S drücken

c) Induktion wird angezeigt

2.3.8 Kontrolle der Leerlaufspannungen

a) Spannung eingeben, E drücken

b) Windungszahl der betreffenden Wicklung eingeben, R/S drücken

c) Windungszahl einer weiteren Wicklung eingeben, R/S drücken

d) Spannung dieser Wicklung wird angezeigt

e) Für weitere Wicklungen Prozedur ab c) wiederholen

2.4 Beispiel

Als Beispiel soll folgender Trafo berechnet werden:

    Primär: 220 V, 50 Hz
    Sekundär: 15 V, 2 A
                           1 V, 25 A

Dies ergibt eine Gesamtleistung von 55 VA. Gewählt wird der
Kern M74 mit 0,5 mm Blechstärke; dessen Leistung ist mit 62 VA
angegeben ([1]). Der Primärstrom kann aus der Sekundärlei-
stung und dem Scheinwirkungsgrad (0,74) abgeschätzt werden;
als Rechenwert dient im folgenden 0,35 A.

Aus der Spannung 220 V und der Induktion 13.900 G ergeben sich
1.080,2 Windungen (Abschnitt 2.3.3), gewählt werden 1.081 Windungen. Nach Abschnitt 2.3.4 erhält man daraus 73,7 (Wahl: 74)
Windungen für 15 V und 4,9 (Wahl: 5) Windungen für 1 V.

Die Berechnung der einzelnen Wicklungen ist aus T a b e l l e
5 ersichtlich, das Ergebnis ist in T a b e l l e 6 zusammengefaßt.

Tabelle 6 Beispiel einer Bauvorschrift

Wicklung	Windungsz.	Draht	Lagenz.	Isolierung	Höhe
220 V	1081	0,40	11	0,05	5,27
Zwischenlage			2	0,05	0,10
15 V	74	0,85	2	0,05	1,85
Zwischenlage			2	0,15	0,30
1 V	5	4X2(0,1)	1	(0,15)	2,10
					9,62
		verfügbar:			11,60

    Kontrolle: 220   V
                15,06 V
                 1,02 V
    Induktion: 13890 G

Tabelle 7　Hilfsprogramm zur Erstellung der Trafodaten

000	76	LBL	053	43	RCL	106	32	X↔T	159	42	STO
001	11	A	054	58	58	107	69	OP	160	11	11
002	98	ADV	055	85	+	108	00	00	161	53	(
003	22	INV	056	01	1	109	43	RCL	162	53	(
004	58	FIX	057	54	)	110	40	40	163	43	RCL
005	22	INV	058	42	STO	111	69	OP	164	12	12
006	52	EE	059	58	58	112	04	04	165	85	+
007	22	INV	060	22	INV	113	69	OP	166	43	RCL
008	57	ENG	061	67	EQ	114	05	05	167	14	14
009	43	RCL	062	24	CE	115	43	RCL	168	54	)
010	00	00	063	00	0	116	10	10	169	55	÷
011	69	OP	064	91	R/S	117	91	R/S	170	02	2
012	01	01	065	76	LBL	118	42	STO	171	54	)
013	43	RCL	066	12	B	119	10	10	172	42	STO
014	01	01	067	98	RDV	120	69	OP	173	13	13
015	69	OP	068	22	INV	121	06	06	174	43	RCL
016	02	02	069	58	FIX	122	43	RCL	175	41	41
017	00	0	070	22	INV	123	42	42	176	69	OP
018	69	OP	071	52	EE	124	69	OP	177	04	04
019	03	03	071	22	INV	125	04	04	178	43	RCL
020	69	OP	073	57	ENG	126	69	OP	179	10	10
021	04	04	074	69	OP	127	05	05	180	69	OP
022	69	OP	075	00	00	128	43	RCL	181	06	06
023	05	05	076	71	SBR	129	12	12	182	43	RCL
024	01	1	077	23	LNX	130	91	R/S	183	11	11
025	09	9	078	43	RCL	131	42	STO	184	69	OP
026	32	X↔T	079	00	00	132	12	12	185	06	06
027	02	2	080	91	R/S	133	69	OP	186	43	RCL
028	42	STO	081	42	STO	134	06	06	187	12	12
029	58	58	082	00	00	135	43	RCL	188	69	OP
030	03	3	083	43	RCL	136	44	44	189	06	06
031	02	2	084	01	01	137	69	OP	190	43	RCL
032	42	STO	085	91	R/S	138	04	04	191	13	13
033	59	59	086	42	STO	139	69	OP	192	69	OP
034	76	LBL	087	01	01	140	05	05	193	06	06
035	24	CE	088	71	SBR	141	43	RCL	194	43	RCL
036	73	RC✳	089	23	LNX	142	14	14	195	14	14
037	59	59	090	01	1	143	91	R/S	196	69	OP
038	69	OP	091	00	0	144	42	STO	197	06	06
039	04	04	092	32	X↔T	145	14	14	198	01	1
040	73	RC✳	093	02	2	146	69	OP	199	09	9
041	58	58	094	42	STO	147	06	06	200	32	X↔T
042	69	OP	095	58	58	148	53	(	201	01	1
043	06	06	096	03	3	149	53	(	202	05	5
044	53	(	097	02	2	150	43	RCL	203	42	STO
045	43	RCL	098	42	STO	151	10	10	204	58	58
046	59	59	099	59	59	152	85	+	205	04	4
047	85	+	100	76	LBL	153	43	RCL	206	05	5
048	01	1	101	32	X↔T	154	12	12	207	42	STO
049	54	)	102	71	SBR	155	54	)	208	59	59
050	42	STO	103	33	X²	156	55	÷	209	76	LBL
051	59	59	104	22	INV	157	02	2	210	34	ſX
052	53	(	105	67	EQ	158	54	)	211	71	SBR

Fortsetzung

212	33	X^2		225	01	01		238	04	04		251	85	+
213	22	INV		226	69	OP		239	69	OP		252	01	1
214	67	EQ		227	02	02		240	05	05		253	54	)
215	34	$\sqrt{X}$		228	69	OP		241	73	RC✱		254	42	STO
216	00	0		229	05	05		242	58	58		255	59	59
217	91	R/S		230	92	RTN		243	91	R/S		256	53	(
218	76	LBL		231	76	LBL		244	72	ST✱		257	43	RCL
219	23	LNX		232	33	X^2		245	58	58		258	58	58
220	43	RCL		233	69	OP		246	69	OP		259	85	+
221	00	00		234	00	00		247	06	06		260	01	1
222	69	OP		235	73	RC✱		248	53	(		261	54	)
223	01	01		236	59	59		249	43	RCL		262	42	STO
224	43	RCL		237	69	OP		250	59	59		263	58	58
												264	92	RTN
												265	00	0

3 EINGABE DER TRAFODATEN

Der Datenblock 4 enthält Daten, die für einen bestimmten Kern
typisch sind. Zur Erleichterung der Erstellung dieses Blocks
dient das Hilfsprogramm (T a b e l l e 7) mit dem dazugehö-
rigen Datenblock 3 (T a b e l l e 8 und T a b e l l e 9).
Mit A werden die Trafodaten aus Block 4 ausgedruckt (Beispiel
M74: T a b e l l e 10). Um mit Taste B den Block 4 für einen
Trafo zu erstellen, liest man am besten diesen Block von einem
anderen Trafo ein. Ist ein solcher noch nicht vorhanden, so
gibt man in die Speicher 22-29 die Daten aus Tabelle 3 ein
(diese sind für alle Trafos dieselben). (Hinweis: In Speicher
28 steht $10^8/4{,}44$).

In T a b e l l e 11 ist als Beispielausdruck der Übergang
von M74 nach M85a gezeigt. Block 4 für M74 sei im Speicher.
Nach Drücken von B wird zunächst "M74" gedruckt. Nun gibt man
ein: 30 R/S 110613 R/S (d.i. der Druckercode für "M 85A").
Gedruckt wird daraufhin "M 85A", ferner fragt der Drucker nach
der Induktion. Diese ist einzugeben (im Beispiel 14200) und
R/S zu drücken. Der Rechner übernimmt diesen Wert in den Speicher und fragt nach der nächsten Größe. Nach diesem Schema
verläuft die gesamte Dateneingabe.

Tabelle 8 Speicher und ihre Bedeutung (Hilfsprogramm)

Block 3

Text	30
	31
	32 IND
	33 FE-G
	34 BLST
	35 CU-G
	36 BLZ
	37 FE-Q
	38 WB
	39 WH
	40 WLGI
	41 WLG
	42 WLGM
	43 WLG
	44 WLGA
	45 STRD
	46 LSTG
	47 WGR
	48 FREQ
Arbeitsregister	49
	50
	51
	52
	53
	54
	55
	56
	57
	58 Ind. Adr. Block 4
	59 Ind. Adr. Block 3

Tabelle 9
Daten für das Hilfsprogramm

0.	30
0.	31
243116.	32
21172022.	33
14273637.	34
15412022.	35
142746.	36
21172034.	37
4314.	38
4323.	39
43272224.	40
43272200.	41
43272230.	42
43272200.	43
43272213.	44
36373516.	45
27363722.	46
432235.	47
21351734.	48
0.	49

Tabelle 10
Trafodaten für M74

M 74	
13900.	IHD
U.93	FE-G
0.5	BLST
0.277	CU-G
64.	BLZ
6.6	FE-Q
44.6	WB
11.6	WH
0.124	WLGI
0.142	WLG
0.16	WLGM
0ᵥ1785	WLG
0.197	WLGA
3.51	STRD
62.	LSTG
0.74	WGR
50.	FREQ

Tabelle 11
Übergang von M74 nach M85a

M 74			WLGI
M 85A		0.136	WLGI
	IND		WLGM
14200.	IND	0.17	WLGM
	FE-G		WLGA
1.29	FE-G	0.204	WLGA
	BLST	0.136	WLG
0.35	BLST	0.153	WLG
	CU-G	0.17	WLG
0.318	CU-G	0.187	WLG
	BLZ	0.204	WLG
91.	BLZ		STRD
	FE-O	3.65	STRD
8.6	FE-O		LSTG
	WB	90.	LSTG
48.5	WB		WGR
	WH	0.75	WGR
10.9	WH		FREQ
		50.	FREQ

Eine Besonderheit ist bei den Windungslängen zu beachten. Der
Drucker fragt nach drei Längen (innen, Mitte, außen) und berechnet zwei Zwischenwerte; alle fünf Werte werden gedruckt.

Bei jeder Frage erscheint in der Anzeige des Rechners ein Vor-
schlagswert, der durch R/S übernommen werden kann.

Nach Beendigung der Dateneingabe sollten die Werte mit der
Taste A kontrolliert werden (vgl. T a b e l l e 12).

Tabelle 12
Trafodaten für M85a

```
M    85A
    14200.        IND
      1.29        FE-G
      0.35        BLST
      0.318       CU-G
     91.          BLZ
      8.6         FE-Q
     48.5         WB
     10.9         WH
      0.136       WLGI
      0.153       WLG
      0.17        WLGM
      0.187       WLG
      0.204       WLGA
      3.65        STRD
     90.          LSTG
      0.75        WGR
     50.          FREQ
```

LITERATUR

[1]   Das Fachbuch für den Transformatoren-Hersteller,
      Firmenschrift der Fa. Waasner, D-8550 Forchheim

[2]   Schnittbandkerne, Firmenschrift der
      Fa. Vacuumschmelze, D-6450 Hanau

Wobbelgenerator

von Martin Steffke

1. AUFGABENSTELLUNG

Mit dem vorliegenden Programm kann eine elektronische Schaltung auf ihr theoretisches Frequenzverhalten untersucht werden. Als Beispiele sollen Verstärker oder Filter gelten.
Der Anwender hat zuvor eine Gleichung der Übertragungsfunktion $U_a = f(U_e)$ aufzustellen, wobei als Einheitseingangs-
spannung $U_e = 1$ (Volt) angenommen wird. Die Ausgangsspannung
U_a entsteht durch die frequenz- und bauteilabhängige Verstärkung V_U der Schaltung. Ein anschließendes Rechenbeispiel soll
das verdeutlichen.

2. PROGRAMMBESCHREIBUNG

2.1. NF- und HF-Wobbelgenerator

Das Programm simuliert eine ansteigende Frequenz, beginnend
beim Minimalwert "f-min", der mindestens 1 Hz sein soll, bis
zum Maximalwert "f-max" im HF-Bereich. Soll die Berechnung
im kHz- oder MHz-Bereich erfolgen, so ist die Bezeichnung Hz
im Programm entsprechend zu ersetzen. Zur graphischen Darstellung wird Millimeterpapier beliebiger Größe benötigt.
Soll zuvor ein Koordinatensystem gezeichnet werden, ist die
Taste 'P4! zu drücken, sonst 'PO'. Die X-Achse (= Frequenz-
achse mit f_w) wird in ihrer Gesamtlänge "X-cm" logarithmisch
aufgeteilt. Dazu müssen die obere "f-max" und untere "f-min"
Frequenz bekannt sein. Die Y-Achse (= Verstärkungsachse mit
V_U) erhält eine Einteilung in Dezibel nach:

$$V_U = 20 \log \frac{U_a}{U_e} \tag{1}$$

Auf ihrer Gesamtlänge "Y-cm" ist sie linear aufgeteilt. Dazu
müssen der obere und untere "dB-max", "dB-min" dB-Wert, der

als Grenzwert erwartet wird, bekannt sein. Für die Aufraste-
rung der X-Achse in ΔX-cm wird auf Anfrage von "Step" eine
Eingabe von $\emptyset$ (grob) bis 9 (fein) verlangt. Zu Beginn zeichnet
'P4' die dB-Einteilung auf der Y-Achse in 10 dB-Schritten.
Danach erfolgt die Hz-Einteilung auf der X-Achse nach dem
Prinzip einer logarithmischen Reihe. In 'P2' erfolgt die Eingabe der Bauelemente der Schaltung in die Speicher M12 - M19,
M1F. Zusammen mit der Wobbelfrequenz f_w (in M05) wird in 'P1'
die Spannungsverstärkung V_U (in M07) in Abhängigkeit von der
Eingangsspannung U_e (= 1 Volt) berechnet. In 'P5' erfolgt die
graphische Darstellung von V_U und f_w. Liegt der V_U-Wert außer-
halb der erwarteten Grenzen, erscheint "Aussen" in der Anzeige, wobei keine Koordinatenausgabe stattfindet. Die Berechnung
wird fortgesetzt, bis "f-max" erreicht wird. Bei Programmende
erscheint "ok" in der Anzeige.
Programm 'P1' und 'P2' sind vom Benutzer vor Inbetriebnahme
des Wobbelprogrammes einzugeben.

2.2. Teilprogramme

P0: Hauptprogramm zum Wobbeln der Schaltung mit den Unterpro-
    grammen P1, P2, P5.
P1: Verstärkungsberechnung mit Hilfe der Wobbelfrequenz f_w,
    woraus sich V_U ergibt.
P2: Eingabe und Berechnung der verstärkungsbestimmenden Bau-
    teile (in M12 - M19, M1F).
P4: Hauptprogramm zum Zeichnen des Koordinatensystems und Ska-
    lierung der X- und Y-Achse mit dem Unterprogramm P5.
    P0 startet danach automatisch.
P5: Ausgabe der f_w- und dB-Werte und deren Lage im Koordina-
    tensystem.

3. DATENSPEICHERBELEGUNG

M00: kleinste Wobbelfrequenz "f-min"
M01: größte Wobbelfrequenz "f-max"
M02: Länge der Y-Achse in cm "Y-cm"
M03: Länge der X-Achse in cm "X-cm"
M04: momentaner X-Wert (aus momentaner Wobbelfrequenz)
M05: momentane Wobbelfrequenz f_w

M06: Aufrasterung der X-Achse in ΔX-Schritten ($\emptyset$ = grob, 9 =
     fein)
M07: von der Wobbelfrequenz abhängige Verstärkung V_U
M08: errechneter dB-Wert
M09: momentaner Y-Wert (aus errechnetem dB-Wert)
M10: kleinster erwarteter dB-Wert "dB-min"
M11: größter erwarteter dB-Wert "dB-max"
M12: Werte der verstärkungsbestimmenden Bauteile für die
  . Funktion:

  . $$f(U_e): U_e \rightarrow U_a$$

  .
M19:
M F: Vergleichsregister
M1F: siehe M12

4. STRUKTOGRAMM

P4: Koordinatensystem zeichnen

Eingabe: X-cm, Y-cm, f-min, f-max, dB-min, dB-max

P5: Ausgabe: dB- und f_w-Werte, ihre Koordinaten

Von dB-min bis dB-max

Berechnung dB-Wert in 10 dB-Schritten, seine
Lage auf der Y-Achse

P5: Ausgabe: dB-Wert, seine Koordinaten

Von f-min bis f-max

Erzeugung einer logarithmischen Reihe zur Skalierung der X-Achse nach:

$$f: f + 1\emptyset^{(INT\ (log\ f\ ))}$$

P5: Ausgabe: f-Wert , seine Koordinaten

PO: Wobbelprogramm

Eingabe: Schrittweite (Step) der f_w

FX-602P   Wobbelgenerator

P2: Berechnung der Bauelemente der Schaltung

Von f-min bis f-max, Schrittweite "Step"

P1: Berechnung $U_a = f(U_e)$

P5: Ausgabe: f_w- und dB-Werte, ihre Koordinaten

5. LISTING

P0	o10 "	o77 GOTO 2	oo7)
oo1 MR 00	o11 Y	o78 MR 00	oo8 ÷
oo2 Min o5	o12 -	o79 ÷	oo9 (
oo3 Ø	o13 c	o80 MR 00	o10 MR 11
oo4 Min o4	o14 m	o81 log	o11 -
oo5 "	o15 "	o82 INT	o12 MR 10
oo6 S	o16 HLT	o83 10X	o13)
oo7 t	o17 Min o2	o84 Min F	o14 =
oo8 e	o18 "	o85 =	o16 FIX 1
oo9 p	o19 f	o86 INT	o17 Min o9
o10 "	o20 -	o87 *	o18 MR o2
o11 HLT	o21 m	o88 MR F	o19 -
o12 Min o6	o22 i	o89 =	o20 MR o9
o13 GSB P2	o23 n	o90 Min 00	o21 =
o14 LBL 1	o24 "	o91 Min o5	o22 x≥0
o15 GSB P1	o25 HLT	o92 LBL 3	o23 GOTO 1
o16 2	o26 Min 00	o93 MR o3	o24 LBL 0
o17 Ø	o27 "	o94 *	o25 "
o18 *	o28 f	o95 (	o26 A
o19 MR o7	o29 -	o96 MR o5	o27 u
o20 log	o30 m	o97 ÷	o28 s
o21 =	o31 a	o98 MR 00	o29 s
o23 FIX 1	o32 x	o99)	o30 e
o24 Min o8	o33 "	100 log	o31 n
o25 GSB P5	o34 HLT	101 ÷	o32 "
o26 1	o35 Min o1	102 (	o33 GOTO 3
o27 -	o36 "	103 MR o1	o34 LBL 1
o28 MR o6	o37 d	104 ÷	o35 MR o9

o29 ÷	o38 B	105 MR 00	o36 x≥0
o30 1	o39 -	106)	o37 GOTO 2
o31 Ø	o40 m	107 log	o38 GOTO 0
o32 =	o41 i	108 =	o39 LBL 2
o33 M+ o4	o42 n	110 FIX 1	o40 "
o34 MR o4	o43 "	111 Min o4	o41 AR o5
o35 *	o44 HLT	112 "	o42 INV Space
o36 (	o45 Min 10	113 AR o5	o43 H
o37 MR o1	o46 Min o8	114 INV Space	o44 z
o38 ÷	o47 "	115 H	o45 "
o39 MR 00	o48 d	116 z	o46 PAUSE
o40)	o49 B	117 "	o47 "
o41 log	o50 -	118 PAUSE	o48 AR o4
o42 ÷	o51 m	119 "	o49 INV Space
o43 MR o3	o52 a	120 AR o4	o50 X
o44 +	o53 x	121 INV Space	o51 −
o45 MR 00	o54 "	122 X	o52 c
o46 log	o55 HLT	123 −	o53 m
o47 =	o56 Min 11	124 c	o54 "
o48 $_{10}$X	o57 LBL 1	125 m	o55 PAUSE
o50 FIX 1	o58 GSB P5	126 "	o56 PAUSE
o51 Min o5	o59 LBL 2	127 HLT	o57 PAUSE
o52 Min F	o60 1	128 MR o5	o58 "
o53 MR o1	o61 M+ o1	129 log	o59 AR o8
o54 x≥F	o62 MR o8	130 INT	o60 INV Space
o55 GOTO 1	o63 Min F	131 $_{10}$X	o61 d
o56 "	o64 ÷	132 M+ o5	o62 B
o57 o	o65 1	133 MR o5	o63 "
o58 k	o66 Ø	134 Min F	o64 PAUSE
o59 "	o67 =	135 MR o1	o65 "
P4	o68 FRAC	136 x≥F	o66 AR o9
oo1 MAC	o69 x=0	137 GOTO 3	o67 INV Space
oo2 "	o70 GOTO 1	138 GSB PO	o68 Y
oo3 X	o71 3	**P5**	o69 −
oo4 -	o72 ±	oo1 MR o2	o70 c
oo5 c	o73 x=F	oo2 *	o71 m
oo6 m	o74 GOTO 1	oo3 (	o72 "
oo7 "	o75 MR 11	oo4 MR o8	o73 HLT
oo8 HLT	o76 x≥F	oo5 −	o74 LBL 3
oo9 Min o3		oo6 MR 10	

6. ANWENDUNGSBEISPIEL

Beispiel zum Wobbelprogramm, hier ein Tiefpaß 6 dB / Oktave

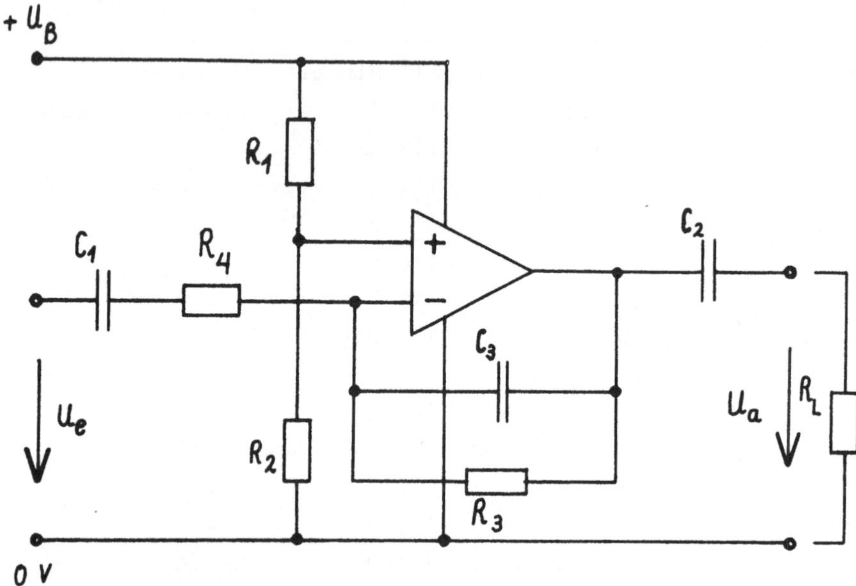

Bild 1 Schaltplan für den Tiefpaß 6 dB / Oktave

Für die Gleichung der Übertragungsfunktion

$$U_a = f (U_e) \tag{2}$$

interessiert die Spannungsverstärkung V_U des Tiefpaßes, die
bei der gezeigten Beschaltung des OP als invertierenden Verstärker

$$V_U = - \frac{U_a}{U_e} \quad ; \quad \text{bzw.} \quad -U_a = V_U \, U_e \quad , U_e = 1V \tag{3}$$

ist. Damit ist die Übertragungsfunktion:

$$f(U_e) : |U_a| = V_U \quad , \text{(ohne Einheiten)} \tag{3.1.}$$

V_U ist beim invertierenden OP- Verstärker durch

$$V_U = \frac{\text{Gegenkopplungswiderstand}}{\text{Ankopplungswiderstand}} = \frac{Z_3}{Z_4} \tag{4}$$

bestimmt, wobei der Gegenkopplungswiderstand Z_3 eine Parallelschaltung aus C_3 und R_3 , der Ankopplungswiderstand Z_4 eine Reihenschaltung aus C_1 und R_4 ist.

Zu Z_4: C_1 trennt die Schaltung gleichstrommäßig von der angeschlossenen Spannungsquelle. Sein Wechselspannungswiderstand X_{C_1} darf bei der niedrigsten noch einwandfrei zu übertragenden Frequenz f_u nur unwesentlich ins Gewicht fallen und dabei in der Praxis nicht mehr als 1/3 des Ankopplungswiderstandes betragen. [1]

Für f_u gilt:

$$X_{C_1} = \frac{1}{3} R_4 \qquad \text{und} \qquad X_{C_1} = \frac{1}{\omega_u C_1} \tag{5}$$

$$C_1 = \frac{3}{\omega_u R_4} = \frac{3}{2 \pi f_u R_4} \tag{6}$$

Aus dem Zeigerdiagramm für Wechselstromwiderstände [4] folgt:

$$Z_4 = \sqrt{R_4^2 + X_{C_1}^2} = \sqrt{R_4^2 + \frac{1}{\omega_u^2 C_1^2}} \tag{7}$$

zu Z_3: Annahme: Bei $f_w = f_u$ sei $X_{C_3} \gg R_3$

Es ergibt sich bei einer Parallelschaltung von R_3 und C_3 nach Zeigerdiagramm: [4]

$$\frac{1}{Z_3} = \sqrt{\frac{1}{R_3^2} + \frac{1}{X_{C_3}^2}} \tag{8}$$

$$\frac{1}{Z_3} \approx \sqrt{\frac{1}{R_3^2}} = \frac{1}{R_3} \qquad , \text{ für } X_{C_3} \to \infty \tag{9}$$

Bei einer vorgegebenen Verstärkung V_o bei f_u ist

$$Z_3 = V_o Z_4 \qquad \text{d.h.} \quad \frac{1}{Z_3} = \frac{1}{V_o Z_4} \tag{10}$$

Aus (9) und (10) ergibt sich für $f_w = f_u$:

$$\frac{1}{R_3} \approx \frac{1}{V_o Z_4} \qquad , \text{ d.h. } R_3 \approx V_o Z_4 \tag{11}$$

$$R_3 \approx V_o \sqrt{R_4^2 + \frac{1}{\omega_u^2 C_1^2}} \tag{11.1}$$

zu C_3: Bei der Grenzfrequenz f_g soll $V_U = \dfrac{1}{\sqrt{2}}$ sein [3], d.h.

$$Z_3 = \frac{1}{\sqrt{2}} \, Z_4 \quad , \text{d.h.} \quad \frac{1}{Z_3} = \frac{\sqrt{2}}{Z_4} \tag{12}$$

Mit (8) ergibt sich:

$$\sqrt{\frac{1}{R_3^2} + \frac{1}{X_{C_3}^2}} = \frac{\sqrt{2}}{Z_4} \tag{13}$$

Über die Umformung von (13) nach $\dfrac{1}{X_{C_3}}$ über

$$X_{C_3} = \frac{1}{\omega_g \, C_3} \qquad \text{ist } C_3 :$$

$$C_3 = \frac{\sqrt{\dfrac{2}{R_4^2 + \dfrac{1}{\omega_g^2 + C_1^2}} - \dfrac{1}{R_3^2}}}{\omega_g} \tag{14}$$

Es berechnet sich V_U nach (4), (7) und (8) zu:

$$V_U = \frac{1}{\sqrt{\dfrac{1}{R_3^2} + \omega_w^2 \, C_3^2} \cdot \sqrt{R_4^2 + \dfrac{1}{\omega_w^2 \, C_1^2}}} \tag{15}$$

für $\omega_w = 2 \, \pi \, f_w$ [2]

6.1. Datenspeicherbelegung für das Beispiel

M12: Ankopplungswiderstand R_4

M13: unterste noch einwandfrei zu übertragende Frequenz f_u

M14: Ankopplungskondensator C_1

M15: vorgegebene Spannungsverstärkung V_o

M16: Gegenkopplungswiderstand R_3

M17: Grenzfrequenz f_g

M18: Gegenkopplungskondensator C_3

M19: Auskopplungskondensator C_2

6.2. Listing

P1	o12 u	o64 3	116 HLT
oo1 MR 16	o13 "	o65 >	117 Min 18
oo2 x^2	o14 HLT	o66 ✻	118 3
oo3 1/x	o15 Min 13	o67 "	119 ÷
oo4 +	o16 ÷	o68 HLT	120 "
oo5 4	o17 2	o69 Min 16	121 R
oo6 *	o18 ÷	o70 "	122 L
oo7 π	o19 π	o71 f	123 "
oo8 x^2	o20 =	o72 g	124 HLT
oo9 *	o21 RND 2	o73 "	125 ÷
o10 MR o5	o22 ENG	o74 HLT	126 2
o11 x^2	o23 ENG	o75 Min 17	127 ÷
o12 *	o24 "	o76 x^2	128 π
o13 MR 18	o25 C	o77 *	129 ÷
o14 x^2	o26 1	o78 4	130 MR 13
o15 =	o27 =	o79 *	131 =
o16 √	o28 ✻	o80 π	132 RND 2
o17 *	o29 "	o81 x^2	133 ENG
o18 (	o30 HLT	o82 +	134 ENG
o19 MR 12	o31 Min 14	o83 MR 14	135 "
o20 x^2	o32 "	o84 x^2	136 C
o21 +	o33 V	o85 =	137 2
o22 (	o34 o	o86 1/x	138 =
o23 4	o35 "	o87 +	139 ✻
o24 *	o36 HLT	o88 MR 12	140 "
o25 π	o37 Min 15	o89 x^2	141 HLT
o26 x^2	o38 *	o90 =	142 Min 19
o27 *	o39 (	o91 1/x	143 MR 12
o28 MR o5	o40 MR 12	o92 *	144 +
o29 x^2	o41 x^2	o93 2	145 (
o30 *	o42 +	o94 −	146 2
o31 MR 14	o43 (	o95 MR 16	147 *
o32 x^2	o44 MR 13	o96 1/x	148 π
o33)	o45 x^2	o97 x^2	149 *
o34 1/x	o46 *	o98 =	150 MR 13
o35)	o47 4	o99 √	151 *
o36 √	o48 *	100 ÷	152 MR 14

o37 =	o49 π	101 2	153)
o38 1/x	o50 x²	102 ÷	154 1/x
o39 Min o7	o51 *	103 π	155 =
P2	o52 MR 14	104 ÷	156 RND 2
oo1 3	o53 x²	105 MR 17	157 ENG
oo2 ÷	o54)	106 =	158 ENG
oo3 "	o55 1/x	107 RND 2	159 "
oo4 R	o56)	108 ENG	160 R
oo5 4	o57 √	109 ENG	161 1
oo6 "	o58 =	110 "	162 =
oo7 HLT	o59 RND 2	111 C	163 R
oo8 Min 12	o60 ENG	112 3	164 2
oo9 ÷	o61 ENG	113 =	165 =
o10 "	o62 "	114 ✳	166 ✳
o11 f	o63 R	115 "	167 "
			168 HLT

6.3. Rechneranzeige

Hier einige Beispiele des Dialogverkehrs:

Nach dem Start von 'P4' erfolgt auf Anweisung die Eingabe:

"X-cm"   2Ø EXE   Länge der X-Achse ist 2Ø cm,

"f-min"   1Ø EXE   niedrigste f_w ist 1Ø Hz,

"dB-min"   3Ø ± EXE   kleinster erwarteter dB-Wert,

Die Skalierung der Y-Achse erfolgt nach dem Schema:

"Ø Hz"   "Ø X-cm"   "– 3Ø dB"   "Ø Y-cm",

das heißt, -3Ø dB ist als Punkt (0/0) einzuzeichnen.

Die Skalierung der X-Achse erfolgt nach dem Schema:

"1Ø Hz"   "Ø X-cm" ,

das heißt, 1Ø Hz ist als Punkt (0/Ø) einzuzeichnen.

Berechnung der Bauelemente:

"R4"   15 EXP 3 EXE   Ankopplungswiderstand hat 15 kΩ

"C1=11ØØ.E-Ø9"   Vorschlag des Rechners: C1=1.1µF

     1.5 EXP 6 ± EXE   vorhandener Wert: 1,5 µF

"R3>31.EØ3"   R3 ist größer als 31 kΩ zu wäh-

     len.

Beim Wobbeln erfolgt folgende Ausgabe:

"1Ø Hz"   "Ø X-cm"   "5 dB"   "8.8 Y-cm" ,

d.h. bei 1Ø Hz beträgt V_U : 5 dB und ist als Punkt (Ø/8,8) einzuzeichnen.

6.4. Wertetabelle

Bei Eingabe folgender Werte ergibt sich die Wertetabelle:

X-cm:2Ø   Y-cm: 1Ø   f-min: 1Ø   f-max: 2Øooo

dB-min: -3Ø   dB-max: 1Ø   Step: Ø R_4: 15ooo

f_u: 3Ø C_1: 1,5 E-o6 V_o: 2 R_3: 33ooo

f_g: 3ØØ C_3: 47 E-o9 R_L: 2ØØ C_2: 1ØØ E-o6

R_1: 2Ø E o3

Tabelle 1   Werte aus dem Rechenbeispiel

f_w (Hz)	V_U (dB)	X-Wert (cm)	Y-Wert (cm)
10	5	0	8,8
15	5,9	1	9
21	6,2	2	9,1
31	6,2	3	9,1
46	6	4	9
67	5,3	5	8,8
98	4	6	8,5
143	2,2	7	8,1
209	-o,3	8	7,4
306	-3,1	9	6,7
447	-6,2	10	6
654	-9,3	11	5,2
956	-12,6	12	4,4
1309	-15,9	13	3,5
2045	-19,2	14	2,7
2991	-22,4	15	1,9
4373	-25,7	16	1,1
6396	-29	17	0,3
	Aussen		

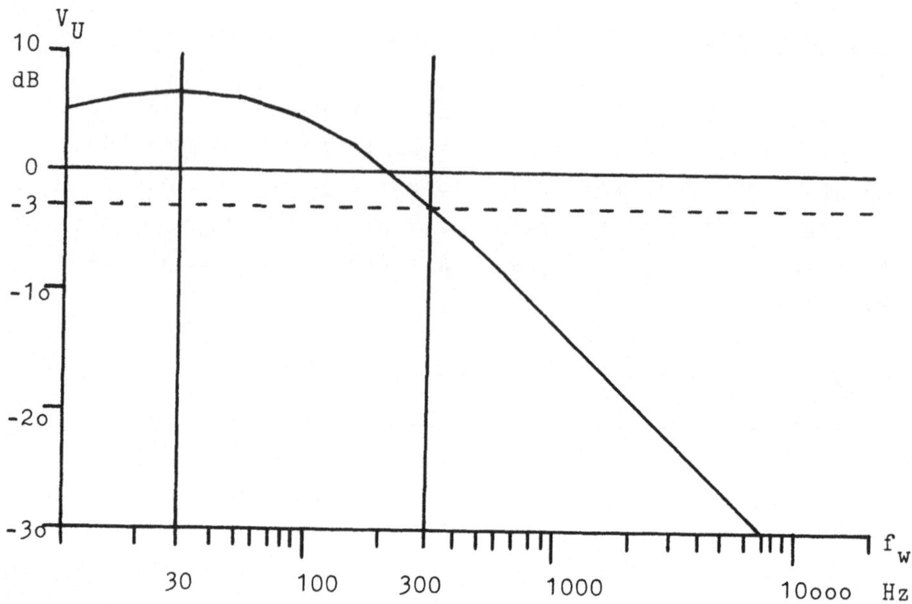

<u>Bild 2</u> Frequenzgang der Verstärkung als Ergebnis des Programms

7. LITERATURVERZEICHNIS

[1] N ü h r m a n n , Dieter, Operationsverstärker Praxis,
    Franzis Verlag München, 1980
[2] F r i t z s c h e , Gottfried, Aktive RC- Schaltungen in
    der Elektronik, Hüthig Verlag Heidelberg, 1981
[3] B ö g e r , H., Bauelemente der Elektronik und ihre Grund-
    schaltungen, H. Stam Verlag Köln-Porz, 1982
[4] R o s e , Georg, Kleine Elektronik-Formelsammlung für Ra-
    dio- und Fernsehpraktiker und Elektroniker, Franzis Verlag

Berechnung der Zustandsgrößen eines idealen Gases

von Ingo Sander

1. ALLGEMEINES

Die Zustandsgrößen eines Gases sind Druck , Temperatur und Volumen.
Für ideale Gase ist der Zusammenhang zwischen den Zustandsgrößen
durch die Zustandsgleichung idealer Gase gegeben , die sich auch
näherungsweise auf reale Gase anwenden läßt. Unter der Voraussetzung das der Druck des realen Gases nicht groß ist und die
Temperatur genügend hoch ist liefert die Zustandsgleichung idealer
Gase meist genügend genaue Ergebnisse.
Nachfolgend wird ein Programm vorgestellt mit dessen Hilfe sich
die Zustandsgrößen auf leichte und bequeme Art berechnen lassen.
Der mathematische Aufwand für dieses Programm ist minimal , deshalb
wurde auf sichere und bequeme Handhabung besonders geachtet. Das
Programm ist für die Rechner TI-58/58C und TI-59 ohne Drucker
bestimmt.

2. LÖSUNGSWEG

Die Zustandsgrößen eines idealen Gases sind durch die Zustandsgleichung eines idealen Gases verknüpft. Diese Zustandsgleichung
wird je nach Verwendungszweck in einer anderen Form geschrieben.
Die Zustandsgleichung aus der sich alle anderen Formen ableiten
lassen , lautet: $p \cdot V = n \cdot R \cdot T$. Wird statt der Molmenge die Masse
des Gases verwendet , so wird die Zustandsgleichung in der Form
 $p \cdot V = m \cdot \overline{R} \cdot T$ verwendet. Liegt ein strömendes System vor , so kann
die Zustandsgleichung auch in der Form $p \cdot \dot{V} = \dot{n} \cdot R \cdot T$ bzw

$$p \cdot \dot{V} = \dot{m} \cdot \overline{R} \cdot T \qquad \text{verwendet}$$

werden.Die Größen in der Gleichung bedeuten:

p = absoluter Druck

V = Volumen

T = Temperatur in Kelvin

n = Molmenge des Gases

m = Masse des Gases

R = universelle Gaskonstante = $8,3143$ J/mol K

$\overline{R}$ = spezielle Gaskonstante = $\dfrac{R}{M}$

M = Molmasse des Gases

$\dot{n}$ = Molstrom

$\dot{m}$ = Massenstrom

$\dot{V}$ = Volumenstrom

Der Wert der universellen Gaskonstante ist abhängig von den Dimensionen des Druckes , Volumens und der Molmenge. Um die richtige Wahl der universellen Gaskonstanten zu erleichtern siehe folgende T a b e l l e 1.

<u>Tabelle 1</u>   Wert der universellen Gaskonstante in Abhängigkeit von den Dimensionen des Druckes , Volumens und der Molmenge

Druck	n in mol		n in kmol	
	V in m^3	V in Liter	V in m^3	V in Liter
Pa	$8,3143$	$8314,3$	$8314,3$	$8,3143\ 10^6$
bar	$8,3143\ 10^5$	$8,3143\ 10^2$	$8,3143\ 10^2$	$83,143$
atm	$8,2056\ 10^5$	$8,2056\ 10^2$	$8,2056\ 10^2$	$82,056$
ata	$8,4782\ 10^5$	$8,4782\ 10^2$	$8,4782\ 10^2$	$84,782$

Der Wert der speziellen Gaskonstante hängt wie die universelle Gaskonstante von den Dimensionen der eingesetzten Größen ab (siehe T a b e l l e 1 und 2) .

<u>Tabelle 2</u> Dimension der Molmasse in Abhängigkeit von der Dimension der Masse m

Dimension der Masse m	Dimension der Molmasse M
g	g/mol
kg	kg/mol

Mit dem Programm lassen sich der Druck , Volumen , Temperatur und Molmenge bzw Masse eines idealen, oder ideal angenommenen, Gases berechnen . Es gilt :

$$p = \frac{n \cdot R \cdot T}{V}$$

$$V = \frac{n \cdot R \cdot T}{p}$$

$$n = \frac{p \cdot V}{R \cdot T}$$

$$T = \frac{p \cdot V}{n \cdot R}$$

Wird die Masse statt der Molmenge verwendet, so muß n gegen m getauscht
werden und statt der universellen wird die spezielle Gaskonstante
verwendet. Die Gleichungen gelten analog auch für Molströme, Massen-
ströme und Volumenströme.

3. PROGRAMMAUFBAU

Das Programm soll zwei Anwendungsfälle befriedigen, es werden drei
Größen eingegeben und die fehlende vierte Größe wird berechnet.Die
eine Größe soll variiert werden , wobei die anderen Größen konstant
gehalten werden und die gesuchte Größe berechnet wird.
Die Gaskonstante wird separat in den Rechner eingegeben, um die
Dimension der Größen frei wählbar zu lassen. Bei jeder Eingabe einer
Größe wird ein Flag gesetzt und geprüft ob schon 3 Größen eingegeben
worden sind.Sind 3 Größen bereits eingegeben worden,so springt das
Programm aus dem Eingabeteil und prüft welches Flag nicht gesetzt
worden ist. Welches Flag nicht gesetzt wurde , gibt die Information
welche der 4 Größen n , p , V oder T zu berechnen ist. Die gesuchte
Größe wird berechnet und angezeigt. Nach der Berechnung werden alle
Flags zurückgesetzt und die Berechnungen können von neuen beginnen.
Soll die gesuchte Größe mehrmals berechnet werden, so wird über die
Taste E das Flag 5 gesetzt und das Rücksetzen der Flags unterbleibt.
Die Information welche Größe berechnet werden soll bleibt so erhalten
Eine Größe kann verändert werden , bei der Eingabe wird das Pro-
gramm gestartet und die gesuchte Größe berechnet. Sind die Be-
rechnungen beendet muß über die Anweisung RST manuell alle Flags
zurückgesetzt werden.
Das Programm benötigt 137 Programmspeicherplätze und 5 Datenspeicher.
(T a b e l l e 3)

Tabelle 3   Programmliste

```
000  91  R/S      035  42  STO      070  03  03      105  95  =
001  76  LBL      036  04  04       071  65  ×       106  61  GTO
002  11  A        037  86  STF      072  43  RCL      107  44  SUM
003  42  STO      038  00  00       073  02  02      108  43  RCL
004  00  00       039  76  LBL      074  55  ÷       109  00  00
005  86  STF      040  34  √X       075  43  RCL      110  65  ×
006  01  01       041  22  INV      076  01  01      111  43  RCL
007  61  GTO      042  97  DSZ      077  95  =        112  01  01
008  33  X²       043  04  04       078  61  GTO      113  55  ÷
009  76  LBL      044  35  1/X      079  44  SUM      114  43  RCL
010  12  B        045  91  R/S      080  43  RCL      115  05  05
011  42  STO      046  76  LBL      081  05  05       116  55  ÷
012  01  01       047  35  1/X      082  65  ×        117  43  RCL
013  86  STF      048  22  INV      083  43  RCL      118  02  02
014  02  02       049  87  IFF      084  03  03       119  95  =
015  61  GTO      050  01  01       085  65  ×        120  76  LBL
016  33  X²       051  00  00       086  43  RCL      121  44  SUM
017  76  LBL      052  66  66       087  02  02       122  87  IFF
018  13  C        053  22  INV      088  55  ÷        123  05  05
019  42  STO      054  87  IFF      089  43  RCL      124  01  01
020  02  02       055  02  02       090  00  00       125  27  27
021  86  STF      056  00  00       091  95  =        126  81  RST
022  03  03       057  80  80       092  61  GTO      127  91  R/S
023  61  GTO      058  22  INV      093  44  SUM      128  76  LBL
024  33  X²       059  87  IFF      094  43  RCL      129  16  A'
025  76  LBL      060  03  03       095  00  00       130  42  STO
026  14  D        061  00  00       096  65  ×        131  05  05
027  42  STO      062  94  94       097  43  RCL      132  91  R/S
028  03  03       063  61  GTO      098  01  01       133  76  LBL
029  76  LBL      064  01  01       099  55  ÷        134  15  E
030  33  X²       065  08  08       100  43  RCL      135  86  STF
031  87  IFF      066  43  RCL      101  05  05       136  05  05
032  00  00       067  05  05       102  55  ÷        137  91  R/S
033  34  √X       068  65  ×        103  43  RCL
034  03  3        069  43  RCL      104  03  03
```

4.   ANWENDUNGSBEISPIELE

4.1 Eingabeprozedur und Speicherbelegung

- **Einmalige Berechnung einer Größe p,V,T oder n**
  - Eingabe der universellen oder speziellen Gaskonstanten erfolgt
    über die Tastenfolge   2nd A'.
    Der Wert bleibt in der Anzeige stehen und muß vor der Berech-
    nung in den Rechner eingegeben werden.
  - Die drei bekannten Größen werden eingegeben , die Reihenfolge der
    Eingabe ist beliebig. Die Eingabe der dritten Größe startet das
    Programm und es erscheint das Ergebnis in der Anzeige. Das
    Ergebnis ist der Wert der gesuchten Größe.

Nach der Eingabe der ersten Größe erscheint eine 3 in der An-
zeige, nach der zweiten Größe bleibt der eingegebene Wert in der
Anzeige stehen , der Dritte löst den Rechenvorgang aus. Nach
der Anzeige des Ergebnisses ist der Rechner wieder für die
nächste Berechnug bereit.
   -Ist bei der Eingabe der Größen ein Fehler unterlaufen , so kann
   nach betätigen der Taste RST   die Eingabe erneut erfolgen.
- Mehrmalige Berechnung einer Größen
   - Die Eingabe der Gaskonstanten erfolgt wie bei der einmaligen
   Berechnung.
   - Vor Beginn der Eingabe der Größen muß die Taste E gedrückt
   werden . Die Taste E setzt das Flag 5.
   - Die erste Berechnung wird so durchgeführt , als ob der Wert
   nur einmal berechnet werden soll. Die bei dieser Berechnung
   gesetzten Flags geben die Information welche Größe berechnet
   werden soll.
   Die drei Größen können willkürlich ausgewählt werden.
   - Eine Größe kann jetzt wertmäßig verändert werden und die beiden
   Anderen werden konstant gehalten. Bei der Eingabe des neuen
   Wertes , der zu verändernden Größe , startet das Programm und
   in der Anzeige erscheint der Wert,der zu berechnenden Größe.
   Diese Wiederholungsrechnungen können beliebig oft durch-
   geführt werden .
   - Sind die Berechnungen beendet so muß die Taste   RST   gedrückt
   werden , damit alle Flags zurückgesetzt werden und der Rechner
   für die Berechnung einer neuen Größe bereit ist.
Die Tastenbelegung siehe T a b e l l e 4.

Tabelle 4   Tastenbelegung

Funktion der Taste	Taste
Eingabe der Gaskonstanten	A´
Eingabe p	A
Eingabe V	B
Eingabe n oder m	C
Eingabe T	D
Flag 5 setzen , für Wieder-holungsrechnung	E

Die Datenspeicher sind wie folgt belegt worden:

R_{00}:p R_{02}: n oder m R_{04}: Wichtig für die Anzahl der Größen

R_{01}:V R_{03}: T R_{05}: R oder $\overline{R}$

4.2 Beispiele

- Ein Behälter mit einem Rauminhalt von V = 24,345 Liter soll bei
  einer Temperatur von 298K mit Wasserstoff gefüllt werden. Der
  absolute Druck soll nach den Füllen p= 2,56bar betragen. Wieviel
  Gramm Wasserstoff passen in den Behälter?

$$M_{H_2} = 2,016 \text{ g/mol}$$

Es soll die spezielle Gaskonstante $\overline{R}$ verwendet werden , sie berechnet sich wie folgt (siehe T a b e l l e 1 und 2) :

$$R = \frac{\overline{R}}{M} = \frac{8,3143 \cdot 10^{-2}}{2,016} \frac{bar \cdot l}{K \cdot g} = 4,12416 \cdot 10^{-2} \frac{bar \cdot l}{K \cdot g}$$

Wert der eingegeben wird	Tastenfolge	Anzeige
$\overline{R}$= 4,12416 10^{-2}	A'	4,12416 10^{-2}
p= 2,56	A	3
T= 298	D	298
V= 24,345	B	Programm wird gestartet, Ergebnis erscheint in der Anzeige 5,0711

$$\underline{m = 5,0711g}$$

- Der selbe Behälter soll bei 2,00 , 2,40 und 2,56 bar gefüllt
  werden. Wieviel Gramm Wasserstoff ist bei den entsprechenden
  Drücken im Behälter enthalten?

Wert der eingegeben wird	Tastenfolge	Anzeige
$\bar{R}=4,12416 \; 10^{2}$	A´	$4,12416 \; 10^{-2}$
Wiederholungsrechnung	E	$4,12416 \; 10^{-2}$
p= 2,56	A	3
T= 298	D	298
V= 24,345	B	Programm startet, Ergebnis erscheint in der Anzeige.
		5,0711= m(2,56)
p= 2,00	A	nach Rechnung 3,9618= m(2,00)
p= 2,40	A	nach Rechnung 4,7541 =m(2,40)
Rücksetzen	RST	4,7541 , Flags sind zurückgesetzt.

5.   LITERATURHINWEISE

[1] Baehr, H.D.   Thermodynamik
                      Springer-Verlag
                      Heidelberg Berlin New York , 1981
                      5.Auflage

[2] Gloistehn, H.H.   Programmieren von Taschenrechnern 3
                      Vieweg, Braunschweig , 1978

Berechnung der Zustandsvariablen bei polytroper oder adiabater Zustandsänderung

von Ingo Sander

1. ALLGEMEINES

Zustandsänderungen von Gasen werden selten isotherm vollzogen. Bei der Kompression oder Expansion verändert sich die Temperatur des Gases. Wird bei der Zustandsänderung keine Wärme übertragen so handelt es sich um eine adiabate Zustandsänderung, wird Wärme übertragen so liegt eine polytrope Zustandsänderung vor. Die Zustandsvariablen sind bei der adiabaten Zustandsänderung durch die Poissonschen Gleichungen verknüpft , die auch für die polytrope Zustandsänderung gelten.

Im nachfolgenden Text wird ein Programm für die Rechner TI-58/58C und TI-59 ohne Drucker vorgestellt , mit dessen Hilfe bei Kenntnis von drei Zustandsvariablen sich die vierte berechnen läßt. Das Programm ist so gestaltet , wenn unter gewissen Voraussetzungen für die Zustandsvariablen die Eingabe erfolgt, der Lösungsweg für die Berechnung der gesuchten Variablen automatisch vollzogen wird.

2. LÖSUNGSWEG

Die Zustandsvariablen bei adiabater und polytroper Zustandsänderung sind durch die Gleichungen von Poisson verknüpft. Diese haben folgende Form :

$$\left(\frac{T_2}{T_1}\right) = \left(\frac{V_1}{V_2}\right)^{n-1} \qquad (1)$$

$$\left(\frac{P_2}{P_1}\right) = \left(\frac{V_1}{V_2}\right)^{n} \qquad (2)$$

Verknüpft man Gleichung (1) mit Gleichung (2) so erhält man eine weitere wichtige Gleichung.

$$\left(\frac{P_2}{P_1}\right) = \left(\frac{T_2}{T_1}\right)^{\frac{n}{n-1}} \qquad (3)$$

Die Größen in den Gleichungen bedeuten:

$$p_i = \text{absoluter Druck}$$
$$T_i = \text{Temperatur in Kelvin}$$
$$V_i = \text{Volumen}$$
$$n = \text{Polytropen -bzw. Isentropenexponent}$$

Die Indizes 1 und 2 kennzeichnen die verschiedenen Zustände des
Gases.

Um mit diesen Gleichungen rechnen zu können , muß eine Zustandsvariable in den Zuständen 1 und 2 bekannt sein. Kennt man eine
weitere Zustandsvariable eines Zustandes , so kann mit den
Gleichungen (1) , (2) und (3) die Zustandsvariable des anderen
Zustandes berechnet werden. Für die Berechnung des Druckes p_2
bei Kenntnis von p_1, T_1 und T_2 gilt :

$$p_2 = p_1 \cdot \left(\frac{T_2}{T_1}\right)^{\frac{n}{n-1}} \qquad \text{ergibt sich aus Gl. (3)}$$

Analoge Formeln ergeben sich für p,V und T in Abhängigkeit von den
bekannten Zustandsgrößen.

Der Polytropenexponent n geht bei einer adiabaten Zustandsänderung
in den Isentropenexponent über.

3. <u>PROGRAMMAUFBAU</u>

Die Voraussetzung für die Anwendung dieses Programmes ist die
Kenntnis einer Variablen in den Zuständen 1 und 2 und einer weiter-
en Variablen des Zustandes 1 oder 2.

Bei jeder Eingabe einer Zustandsvariablen wird ein Flag gesetzt
und geprüft ob nicht schon 3 Werte eingegeben worden sind. Der Test,
ob schon 3 Werte eingegeben worden sind, erfolgt über die INV Dsz 7
Anweisung. Sind bereits 3 Werte eingegeben , so wird über das Prüfen
der Flags 0 und 2 festgestellt von welcher Variablen Werte der
Zustände 1 und 2 vorliegen. Über das Prüfen der Flags 3 und 1
wird die Information gewonnen, welche Variable noch zusätzlich
bekannt ist. Aus diesen beiden Informationen ergibt sich eindeutig
die Gleichung nach der Wert der gesuchten Zustandsvariablen berechnet wird.

Das Programm benötigt 196 Programmspeicherplätze und 6 Datenspeicher. (T a b e l l e 1)

Tabelle 1 Programmliste

000	91	R/S	049	03	3	098	53	(	147	45	Yˣ
001	76	LBL	050	42	STO	099	43	RCL	148	43	RCL
002	11	A	051	07	07	100	06	06	149	06	06
003	42	STO	052	86	STF	101	55	÷	150	35	1/X
004	00	00	053	04	04	102	53	(	151	65	×
005	86	STF	054	22	INV	103	43	RCL	152	43	RCL
006	00	00	055	97	DSZ	104	06	06	153	03	03
007	61	GTO	056	07	07	105	75	-	154	95	=
008	33	X²	057	00	00	106	01	1	155	81	RST
009	76	LBL	058	60	60	107	54	)	156	87	IFF
010	16	A'	059	91	R/S	108	54	)	157	01	01
011	42	STO	060	87	IFF	109	65	×	158	01	01
012	01	01	061	00	00	110	43	RCL	159	78	78
013	86	STF	062	01	01	111	01	01	160	43	RCL
014	01	01	063	14	14	112	95	=	161	03	03
015	61	GTO	064	87	IFF	113	81	RST	162	55	÷
016	33	X²	065	02	02	114	87	IFF	163	43	RCL
017	76	LBL	066	01	01	115	03	03	164	02	02
018	12	B	067	56	56	116	01	01	165	95	=
019	42	STO	068	87	IFF	117	41	41	166	45	Yˣ
020	02	02	069	01	01	118	43	RCL	167	53	(
021	86	STF	070	00	00	119	00	00	168	43	RCL
022	02	02	071	91	91	120	55	÷	169	06	06
023	61	GTO	072	43	RCL	121	43	RCL	170	75	-
024	33	X²	073	05	05	122	01	01	171	01	1
025	76	LBL	074	55	÷	123	95	=	172	54	)
026	17	B'	075	43	RCL	124	45	Yˣ	173	65	×
027	42	STO	076	04	04	125	53	(	174	43	RCL
028	03	03	077	95	=	126	53	(	175	05	05
029	86	STF	078	45	Yˣ	127	43	RCL	176	95	=
030	03	03	079	53	(	128	06	06	177	81	RST
031	61	GTO	080	43	RCL	129	75	-	178	43	RCL
032	33	X²	081	06	06	130	01	1	179	03	03
033	76	LBL	082	75	-	131	54	)	180	55	÷
034	13	C	083	01	1	132	55	÷	181	43	RCL
035	42	STO	084	54	)	133	43	RCL	182	02	02
036	04	04	085	35	1/X	134	06	06	183	95	=
037	61	GTO	086	65	×	135	54	)	184	45	Yˣ
038	33	X²	087	43	RCL	136	65	×	185	43	RCL
039	76	LBL	088	03	03	137	43	RCL	186	06	06
040	18	C'	089	95	=	138	05	05	187	65	×
041	42	STO	090	81	RST	139	95	=	188	43	RCL
042	05	05	091	43	RCL	140	81	RST	189	01	01
043	76	LBL	092	04	04	141	43	RCL	190	95	=
044	33	X²	093	55	÷	142	01	01	191	81	RST
045	87	IFF	094	43	RCL	143	55	÷	192	76	LBL
046	04	04	095	05	05	144	43	RCL	193	19	D'
047	00	00	096	95	=	145	00	00	194	42	STO
048	54	54	097	45	Yˣ	146	95	=	195	06	06
									196	91	R/S

70

4. ANWENDUNGSBEISPIELE

4.1 Eingabeprozedur und Speicherbelegung

- Eingabe des Isentropen - oder Polytropenexponenten über die
  Anweisung   2nd D´.
  Vor jeder Berechnung muß n oder $\varkappa$ eingegeben werden , werden
  mehrere Berechnungen mit dem selben n angestellt , so reicht
  eine einmalige Eingabe aus. Der Wert bleibt nach der Eingabe in der Anzeige stehen.

- Die Werte der 3 bekannten Zustandsvariablen können nun in
  beliebiger Reihenfolge in den Rechner eingegeben werden. Bei
  der Eingabe des ersten Wertes erscheint eine 3 in der Anzeige,
  beim zweiten Wert bleibt der Wert in der Anzeige stehen und
  der Dritte startet das Programm.
  Die Werte der beiden bekannten Variablen werden je nach Art
  der Variablen über die Tastenfolgen   2nd A´, 2nd B´oder
  2nd C´   in den Rechner eingegeben. Die beiden Variablen
  müssen für einen Zustand gelten.
  Die dritte Variable, deren Größe man für den anderen Zustand
  auch eingeben muß , wird über die entsprechende Taste A, B
  oder C in den Rechner eingegeben.
  Tastenbelegung siehe T a b e l l e 2 .

- Fehler bei der Eingabe können durch die Anweisung RST   auf-
  gehoben werden, danach müssen die Werte erneut eingegeben
  werden.

Tabelle 2   Tastenbelegung

Zustandsvariable	Taste
p_1	A´
p_2	A
V_1	B´
V_2	B
T_1	C´
T_2	C
n	D´

Die Speicher werden wie folgt genutzt:

R_{00} : p_2	R_{02} : V_2	R_{04} : T_2	R_{06} : n oder
R_{01} : p_1	R_{03} : V_1	R_{05} : T_1	R_{07} : Wichtig für die An- zahl der eingegebenen Größen.

4.2 Beispiele

Ein Kompressor verdichtet Luft adiabat $\varkappa = 1,4$ von $p_1 = 100$ kPa
auf 350 kPa . Die Temperatur der angesaugten Luft betrug $T_1 = 298$K
und das Volumen $V_1 = 100$ Liter.

- Endtemperatur der verdichteten Luft ?
- Volumen der verdichteten Luft ?
- Berechnung der Endtemperatur T_2

Wert, der eingegeben wird	Tastenfolge	Anzeige
n= 1,4	2nd D´	1,4
p_1= 100	A´	3
T1= 298	C´	298
p_2= 350	A	Programm wird gestartet und Ergebnis erscheint in der Anzeige. 426,250

$$\underline{T_2 = \underline{426,250} \text{ K}}$$

- Berechnung des Volumen der verdichteten Luft

Wert, der eingegeben wird	Tastenfolge	Anzeige
p_1=100	A´	3
V_1=100	B´	100
p_2=350	A	Programmstart, Ergebnis erscheint in der Anzeige 40,868

$$\underline{V_2 = \underline{40,868} \text{ Liter}}$$

Ergebnisangaben sind auf 3 Stellen gerundet.

5. LITERATURHINWEISE

[1]   Näser, K.H.   Physikalische Chemie
                        VEB Deutscher Verlag für Grundstoffindustrie
                        Leipzig , 1976   14.Auflage
[2]   Gloistehn,H.H. Programmieren von Taschenrechnern 3
                        Vieweg ,Braunschweig, 1978

Berechnung der Enthalpie, die Entropie und der freien Enthalpie chemischer Reaktionen in Abhängigkeit von der Temperatur

von Ingo Sander

1. ALLGEMEINES

Die Werte für die Enthalpie , Entropie und freien Enthalpie chemischer Reaktionen sind meißt für einen bestimmten Zustand tabelliert, dies ist der Standardzustand (25°C und 101,325 kPa). Wird die Reaktion bei einer anderen Temperatur durchgeführt, so gelten die tabellierten Werte höchstens näherungsweise , weil Entropie und Enthalpie Funktionen der Temperatur sind. Die genauen Werte bei den entsprechenden Temperaturen erhält man aus Tabellen-werken oder über Berechnungen mit dem Satz von Kirchhoff.

Die Anwendung des Kirchhoffschen Satzes hängt von der Kenntnis der Molwärmen für konstanten Druck der Produkte und Edukte ab. Mit dem Programm , geeignet für die Rechner TI-58/58C und TI-59 ohne Drucker, lassen sich bei Kenntnis der Molwärmen und der Standardreaktions-enthalpie und - entropie die Enthalpie und Entropie der Reaktion für eine andere Temperatur berechnen.

2. LÖSUNGSWEG

Der Kirchhoffsche Satz läßt sich in etwa wie folgt formulieren:

> Die Differenz der Reaktionsenthalpien bei den Temperaturen T_1 und T_2 ändert sich , wie die Differenz der Molwärmen der Produkte und Edukte.

Die chemische Reaktion sei wie folgt formuliert:

$$e_1E_1 + e_2E_2 + \ldots + \longrightarrow p_1P_1 + p_2P_2 + \ldots +$$

Dabei bedeuten: e_i = stöchiometrische Koeffizienten der Edukte

p_i = stöchiometrische Koeffizienten der Produkte

E_i = Edukt , Ausgangsstoff

P_i = Produkt , Endprodukt

73

Aus dem Satz von Kirchhoff ergibt sich die Änderung der Reaktionsenthalpie mit der Temperatur wie folgt:

$$\left(\frac{\partial \Delta H_R}{\partial T}\right)_p = \Delta C_p \qquad (1)$$

Der Ausdruck ΔC_p ist die Differenz der Molwärmen bei konstanten
Druck der Produkte und Edukte.

$$\Delta C_p = \sum_{i=1}^{n} C_{p,P_i} \cdot p_i \; - \; \sum_{i=1}^{n} C_{p,E_i} \cdot e_i \qquad (2)$$

Die Größen in Gleichung (2) bedeuten :

 C_{p,P_i} = Molwärme bei konstanten Druck des Produktes

 C_{p,E_i} = Molwärme bei konstanten Druck des Eduktes

 e_i, p_i = entsprechende stöchiometrischen Koeffizienten

Durch Integration von Gleichung (1), wird die Gleichung erhalten
mit der sich die Reaktionsenthalpie bei einer beliebigen Temperatur
berechnen läßt.

$$\Delta H_R(T) = \Delta H_R(To) + \int_{To}^{T} \Delta C_p \cdot dT \qquad (3)$$

In dieser Gleichung bedeuten:

 To = Temperatur in K , die zu dem bekannten Wert der Reaktionsenthalpie gehört.

 T = Temperatur in K , deren zugehöriger Enthalpiewert interessiert.

$\Delta H_R(T)$ = Reaktionsenthalpie bei der Temperatur T

$\Delta H_R(To)$ = Reaktionsenthalpie bei der Temperatur To, dieser Wert muß
   für die Berechnung von $\Delta H_R(T)$ bekannt sein.

Eine analoge Gleichung , wie Gleichung (3) ergibt sich für die
Entropie.

$$\Delta S_R(T) = \Delta S_R(To) + \int_{To}^{T} \frac{\Delta Cp \cdot dT}{T} \qquad (4)$$

Die Größen in dieser Gleichung bedeuten:

 $\Delta S_R(T)$ = Reaktionsentropie bei der Temperatur T

 $\Delta S_R(To)$ = Reaktionsentropie bei der Temperatur To , dieser Wert
   muß für die Berechnung von $\Delta S_R(T)$ bekannt sein.

Die Berechnung der freien Enthalpie erfolgt nach der Gleichung von
Gibbs - Helmholtz :

$$\Delta G_R(T) = \Delta H_R(T) - T \cdot \Delta S_R(T) \qquad (5)$$

$\Delta G_R(T)$ = Freie Reaktionsenthalpie für die Temperatur T

Um die Integrale in den Gleichungen (3) und (4) lösen zu können ,
muß die Differenz der Molwärmen der Produkte und Edukte in Form
eines analytischen Ausdruckes vorliegen. Die Molwärmen bei konstanten
Druck werden häufig in Form einer Exponentialreihe dargestellt.

$$C_{p,i} = a_o + a_1 \cdot T + a_2 \cdot T^2 + a_3 \cdot T^3 + \ldots \qquad (6)$$

Diese Exponentialreihe zu integrieen ist keine Schwierigkeit und
wird vom Programm automatisch durchgeführt.

Für die Berechnung der Reaktionsenthalpie , Reaktionsentropie und
der freien Reaktionsenthalpie müssen folgende Informationen vorliegen.

- Reaktionsgleichung
- Molwärmen der Produkte und Edukte in Form einer Exponential-
  reihe.
- Reaktionsenthalpie bei To
- Reaktionsentropie bei To

Bei Kenntnis dieser Daten kann die Reaktionsenthalpie , Reaktionsentropie und freie Reaktionsenthalpie bei einer beliebigen
Temperatur berechnet werden.

3. PROGRAMMAUFBAU

Das Programm besteht aus zwei Teilen. Der erste Teil ist die
Berechnung von ΔC_p, der zweite Teil die Berechnung von $\Delta H_R(T)$,
$\Delta S_R(T)$ und $\Delta G_R(T)$.
Vor Eingabe der Koeffizienten der Exponentialreihe muß der entsprechende stöchiometrische Koeffizient eingegeben werden. Bei
jeder Koeffizienten-Eingabe wird das Produkt aus den beiden
Koeffizienten gebildet und in einem entsprechenden Speicher auf-
summiert. Jeden Koeffizienten mit dem gleichen Index wird auch
der selbe Speicher zugeordnet. Am Ende der Koeffizienten-Eingabe
enthält jeder Speicher die Differenz der entsprechenden Koeffizienten nach Gleichung (2).
Bei Eingabe der Temperatur T über die Tasten B oder C wird das
Flag 1 oder 3 gesetzt. Das Integral einer Exponentialreihe ist
selber wieder eine Exponentialreihe, so daß das Programm nur

Exponentialreihen berechnen muß. Die Koeffizienten unterscheiden sich für die Integrale der Gleichungen (3) und (4) , außerdem kommt beim Integral der Gleichung (4) noch ein logarithmisches Glied hinzu. Die richtige Berechnung der Stammfunktionen wird durch das Flag 1 und 3 gesteuert.

Es wird zuerst die Stammfunktion von T und im Anschluß die Stammfunktion von To berechnet. Die Steuerung der Berechnung der Stammfunktionen erfolgt über das Flag 2. Sind beide Stammfunktionen berechnet , so wird die Differenz gebildet und entweder die Reaktionsenthalpie bei To oder die Reaktionsentropie bei To addiert. Das Ergebnis , die Reaktionsenthalpie oder Reaktionsentropie von T , erscheint in der Anzeige.

Wird die freie Reaktionsenthalpie berechnet , so wird die Reaktionsenthalpie und die Reaktionsentropie in einem Unterprogramm bestimmt. Die Unterprogramme werden durch die Label B und C aufgerufen , liegen $\Delta H_R(T)$ und $\Delta S_R(T)$ vor, so wird nach der Gleichung von Gibbs-Helmholz $\Delta G_R(T)$ berechnet.

Das Programm ist für die Rechner TI-58/58C und TI-59 ohne Drucker bestimmt. Es werden 226 Programmspeicherplätze und 19 Datenspeicher benötigt. (T a b e l l e 1)

4. <u>ANWENDUNGSBEISPIELE</u>

4.1 <u>Eingabeprozedur und Speicherbelegung</u>

4.1.1 <u>Eingabe der Koeffizienten der Exponentialreihe</u>

Um die Reaktionsenthalpie , Reaktionsentropie oder freie Reaktionsenthalpie berechnen zu können , muß zuerst die Differenz der Molwärmen der Produkte und Edukt ΔC_p berechnet werden. Die Berechnung von ΔC_p wird wie folgt durchgeführt:

- Vor jeder Berechnung von C_p müssen alle Datenspeicher gelöscht werden , dies erfolgt über die Anweisung 2nd CMs .

- Bevor die Koeffizienten der Exponentialreihe eingegeben werden können , muß der stöchiometrische Koeffizient des Produktes oder Eduktes , dessen Molwärme eingegeben werden soll , über die Tastenfolge 2nd A´ in den Rechner eingegeben werden. Nach der Eingabe erscheint eine Null in der Anzeige.
  Stöchiometrische Koeffizienten der Produkte p_i werden positiv und die der Edukte e_i negativ eingegeben.

Tabelle 1 Programmliste

000	76	LBL	057	10	10	114	87	IFF	171	02	02
001	16	A'	058	75	-	115	03	03	172	61	GTO
002	42	STO	059	01	1	116	01	01	173	00	00
003	11	11	060	95	=	117	47	47	174	49	49
004	00	0	061	32	X:T	118	87	IFF	175	43	RCL
005	42	STO	062	00	0	119	02	02	176	15	15
006	09	09	063	42	STO	120	01	01	177	75	-
007	91	R/S	064	09	09	121	33	33	178	43	RCL
008	76	LBL	065	22	INV	122	43	RCL	179	13	13
009	11	A	066	87	IFF	123	13	13	180	85	+
010	65	×	067	01	01	124	42	STO	181	43	RCL
011	43	RCL	068	00	00	125	15	15	182	17	17
012	11	11	069	74	74	126	43	RCL	183	95	=
013	95	=	070	01	1	127	14	14	184	71	SBR
014	74	SM*	071	94	+/-	128	86	STF	185	01	01
015	09	09	072	42	STO	129	02	02	186	96	96
016	69	OP	073	09	09	130	61	GTO	187	92	RTN
017	29	29	074	69	OP	131	00	00	188	91	R/S
018	43	RCL	075	29	29	132	49	49	189	76	LBL
019	10	10	076	43	RCL	133	43	RCL	190	13	C
020	32	X:T	077	12	12	134	15	15	191	86	STF
021	43	RCL	078	65	×	135	75	-	192	03	03
022	09	09	079	73	RC*	136	43	RCL	193	61	GTO
023	22	INV	080	09	09	137	13	13	194	00	00
024	77	GE	081	22	INV	138	85	+	195	49	49
025	00	00	082	87	IFF	139	43	RCL	196	22	INV
026	29	29	083	01	01	140	16	16	197	86	STF
027	42	STO	084	00	00	141	95	=	198	01	01
028	10	10	085	93	93	142	71	SBR	199	22	INV
029	91	R/S	086	55	÷	143	01	01	200	86	STF
030	76	LBL	087	53	(	144	96	96	201	02	02
031	17	B'	088	43	RCL	145	92	RTN	202	22	INV
032	42	STO	089	09	09	146	91	R/S	203	86	STF
033	16	16	090	85	+	147	87	IFF	204	03	03
034	91	R/S	091	01	1	148	02	02	205	92	RTN
035	76	LBL	092	54	)	149	01	01	206	76	LBL
036	18	C'	093	22	INV	150	75	75	207	14	D
037	42	STO	094	87	IFF	151	43	RCL	208	42	STO
038	17	17	095	03	03	152	11	11	209	18	18
039	91	R/S	096	01	01	153	55	÷	210	71	SBR
040	76	LBL	097	01	01	154	43	RCL	211	12	B
041	19	D'	098	55	÷	155	14	14	212	42	STO
042	42	STO	099	43	RCL	156	95	=	213	19	19
043	14	14	100	09	09	157	50	I×I	214	43	RCL
044	91	R/S	101	95	=	158	23	LNX	215	18	18
045	76	LBL	102	44	SUM	159	65	×	216	71	SBR
046	12	B	103	13	13	160	43	RCL	217	13	C
047	86	STF	104	43	RCL	161	00	00	218	65	×
048	01	01	105	11	11	162	85	+	219	43	RCL
049	42	STO	106	49	PRD	163	43	RCL	220	18	18
050	11	11	107	12	12	164	13	13	221	94	+/-
051	42	STO	108	43	RCL	165	95	=	222	85	+
052	12	12	109	09	09	166	42	STO	223	43	RCL
053	00	0	110	22	INV	167	15	15	224	19	19
054	42	STO	111	67	EQ	168	43	RCL	225	95	=
055	13	13	112	00	00	169	14	14	226	91	R/S
056	43	RCL	113	74	74	170	86	STF			

- Im Anschluß werden die Koeffizienten der entsprechenden Exponentialreihe in der Reihenfolge a_0, a_1, a_2, a_3, a_4, a_5, a_6, a_7 und a_8
  über die Taste A in den Rechner eingegeben . Nach jeder Eingabe
  erscheint in der Anzeige die Anzahl der Koeffizienten , die eingegeben worden sind. Das Programm ist bis T^8 geeignet , damit ist
  a_8 der letzte Koeffizient der eingegeben werden kann.
- Die Eingabe der stöchiometrichen Koeffizienten und die der
  Exponentialreihe wird so oft wiederholt , wie Produkte und
  Edukte vorhanden sind.

In den Datenspeichern R_{00} -R_{01} stehen am Ende der Eingabe die
Koeffizienten der Exponentialreihe ΔC_p in der Reihenfolge a_0-a_8.

4.1.2. <u>Berechnung der Reaktionsenthalpie bei der Temperatur T</u>

Es muß die Reaktionsenthalpie bei einer bestimmten Temperatur
To bekannt sein.

- Der Wert der Reaktionsenthalpie bei der Temperatur To wird über
  die Tastenfolge 2nd B´in den Rechner eingegeben, der Wert
  bleibt in der Anzeige stehen. Es sei an dieser Stelle darauf
  hingewiesen,daß die Einheiten von ΔH_R(To) und der Lösung des
  Integrals übereinstimmen müssen , da sonst mit fehlerhaften
  Ergebnissen zu rechnen ist.
- Die Temperatur To auf die sich der Wert der Reaktionsenthalpie
  ΔH_R(To) bezieht , wird über die Tastenfolge 2nd D´ in den Rechner
  eingeben . Der Wert bleibt in der Anzeige stehen.

Die beiden Schritte brauchen nur einmal ausgeführt werden , weil die
Daten beim Programmablauf erhalten bleiben.

- Die Temperatur T wird über die Taste B in den Rechner eingegeben.
  Das Ergebnis , das in der Anzeige erscheint, ist der Wert der
  Reaktionsenthalpie bei der Temperatur T.

4.1.3. <u>Berechnung der Reaktionsentropie bei der Temperatur T</u>

Die Reaktionsentropie muß bei einer bestimmten Temperatur To bekannt sein.

- Die Reaktionsentropie bei der Temperatur To wird über die Tastenfolge 2nd C´in den Rechner eingegeben. Der Wert bleibt in der
  Anzeige stehen.
- Die Temperatur To wird über die Tastenfolge 2nd D´in den Rechner
  eingegeben , der Wert bleibt in der Anzeige stehen.

Die Eingabe der Reaktionsentropie und der entsprechenden Temperatur
To muß nur einmal vor Beginn der Rechnung erfolgen , da die Werte
erhalten bleiben.

- Die Temperatur T wird über die Taste C in den Rechner eingegeben.
  Das Programm wird gestartet und der Wert der Reaktionsentropie bei
  der Temperatur T erscheint in der Anzeige.

4.1.4. Berechnung der freien Reaktionsenthalpie bei der Temperatur T

Um die freie Reaktionsenthalpie berechnen zu können , muß zuvor
die Reaktionsentropie und Enthalpie bei der Temperatur To , sowie
die Temperatur To,in den Rechner eingegeben werden. Diese Eingabe
erfolgt nach den Angaben der Abschnitte 4.1.2 und 4.1.3 . Es
sollte darauf geachtet werden , ob Entropie und Enthalpie in den
gleichen Einheiten berechnet wird. Ist dies nicht der Fall , so
muß ein Wert in den anderen umgerechnet werden , da sonst die freie
Reaktionsenthalpie falsch berechnet wird.

- Die Temperatur T wird über die Taste D in den Rechner eingegeben.
  Nach der Eingabe startet das Programm und der Wert,der in der
  Anzeige erscheint , ist der Wert der freien Reaktionsenthalpie bei
  der Temperatur T.

4.1.5 Speicherbelegung

R_{00} : a_0 von ΔC_p

R_{01} : a_1 von ΔC_p

R_{02} : a_2 von ΔC_p

R_{03} : a_3 von ΔC_p

R_{04} : a_4 von ΔC_p

R_{05} : a_5 von ΔC_p

R_{06} : a_6 von ΔC_p

R_{07} : a_7 von ΔC_p

R_{08} : a_8 von ΔC_p

R_{09} : Anzahl der Koeffizienten

R_{10} : Zahl der Koeffizienten , die
         eingegeben worden sind.

R_{11} : e_i ,p_i , T

R_{12} : T^n n= 1,2...8

R_{13} : Summe der Summanden

R_{14} : To

R_{15} : Stammfunktion F(T)

R_{16} : $\Delta H_R(To)$

R_{17} : $\Delta S_R(To)$

R_{18} : T

R_{19} : $\Delta H_R(T)$

4.2 Beispiele

Eine chemische Reaktion laufe nach folgender Reaktionsgleichung
ab.

$$2A \longrightarrow 2B + C$$

Die Molwärmen für konstanten Druck werden in folgender Form dargestellt.

$$C_{pA} = 34,12 + 0,002\ T \quad \text{in} \quad J/\ K \cdot mol$$
$$C_{pB} = 27,21 + 0,004\ T \quad\quad "$$
$$C_{pC} = 27,21 + 0,004\ T \quad\quad "$$

Die Reaktionsenthalpie bei 298K beträgt 484,320 KJ und die Reaktionsentropie 88,88 J/K.

Welchen Wert nimmt die Reaktionsenthalpie , Reaktionsentropie und die freie Reaktionsenthalpie bei 1500K an?

4.2.1 Eingabe der Koeffizienten der Exponentialreihe

Wert, der eingegeben wird	Tastenfolge	Anzeige
Speicher löschen	2nd CMs	
$e_1 = -2$	2nd A´	0
$34,12 = a_{0,A}$	A	1
$0,002 = a_{1,A}$	A	2
$p_1 = 2$	2nd A´	0
$27,21 = a_{0,B}$	A	1
$0,004 = a_{1,B}$	A	2
$p_2 = 1$	2nd A´	0
$27,21 = a_{0,C}$	A	1
$0,004 = a_{1,C}$	A	2

4.2.2 Berechnung der Reaktionsenthalpie bei 1500K

Wert, der eingegeben wird	Tastenfolge	Anzeige
To = 298	2nd D´	298
$\Delta H_R(To) = 484320$	2nd B´	484320
T = 1500	B	Programmstart
Reaktionsenthalpie bei 1500k= 509060 J		509060

4.2.3 Berechnung der Reaktionsentropie bei 1500K

Wert, der eingegeben wird	Tastenfolge	Anzeige
To = 298	2nd D´	298
$\Delta S_R(To) = 88,88$	2nd C´	88,88
T = 1500	C	Programmstart
Reaktionsentropie bei 1500K = 120,14J/K		120,14

4.2.4 Berechnung der freien Reaktionsentropie bei 1500K

Wert, der eingegeben wird	Tastenfolge	Anzeige
T_o= 298	2nd D´	298
$\Delta H_R(T_o)$= 484320	2nd B´	484320
$\Delta S_R(T_o)$= 88,88	2nd C´	88,88
T=1500	D	Programmstart
frei Reaktionsenthalpie bei 1500K= 328856J		328856

5. LITERATURHINWEISE

[1]   Näser,K.H.   Physikalische Chemie

VEB Deutscher Verlag der Grund-

stoffindustrie

Leipzig , 1976

14. Auflage

[2]   Moore,J.J.   Physikalische Chemie

Verlag Walter de Gruyeter

Berlin New York 1976

2. Auflage

Berechnung der spezifischen Enthalpieänderung von Gasen

von Ingo Sander

1. ALLGEMEINES

Wird einem Gas Energie zugeführt oder abgeführt , so ändert sich
seine spezifische Enthalpie und seine Temperatur. Diese Enthalpieänderung läßt sich direkt aus dem Enthalpie - Entropie - Diagramm
ablesen oder bei Kenntnis der spezifischen Wärmekapazität berechnen.

Die spezifische Wärmekapazität für konstanten Druck ist für ideale
Gase unabhängig vom Druck , bei realen Gasen ist sie neben der
Abhängigkeit von der Temperatur auch noch vom Druck abhängig.Bei
geringen Drucken und entsprechend hohen Temperaturen kann die
Druckabhängigkeit der realen Gase vernachlässigt werden. Mit dieser
Voraussetzung lassen sich Enthalpieänderungen realer Gase auch
bei nicht konstanten Druck berechnen.

Nachfolgend wird ein Programm beschrieben , das für die Rechner
TI-58/58C und TI-59 ohne Drucker geschrieben wurde, mit dem sich
Enthalpieänderungen bei Kenntnis der spezifischen Wärmekapazität
berechnen lassen.

2. LÖSUNGSWEG

Für die Änderung der Enthalpie eines Gases bei konstanten Druck
gilt:

$$\left(\frac{dh}{dT}\right)_p = c_p \qquad (1)$$

Durch Umformung gewinnt man aus der Gleichung (1) die Gleichung(2).

$$dh = c_p \cdot dT \qquad (2)$$

Die Integration der Gleichung (2) liefert die für die Enthalpieänderung verwendbare Gleichung (3).

$$\Delta h = h_2 - h_1 = \int_{T_1}^{T_2} c_p \cdot dT \qquad (3)$$

Ist die spezifische Wärmekapazität in Form eines analytischen
Ausdruckes bekannt , so kann das Integral berechnet werden.
In vielen Fällen ist die spezifische Wärmekapazität bei konstantem
Druck einen Gases c_p in Form einer Exponentialreihe darstellbar.
Eine Exponentialreihe für c_p hat folgende Form:

$$c_p = a_0 + a_1 \cdot T + a_2 \cdot T^2 + a_3 \cdot T^3 + \ldots + a_8 \cdot T^8 \qquad (4)$$

Setzt man diesen Ausdruck für c_p in Gleichung (3),so ist die
Enthalpieänderung bei Kenntnis der Temperaturen T_1 und T_2 be-
rechenbar. Die Integration der Gleichung (4) liefert wieder eine
Exponentialreihe , die leicht zu programmieren ist.
Die spezifische Wärmekapazität für konstanten Druck c_p gilt im
Prinzip nur für einen Druck. Bei idealen Gasen ist die spezifische
Wärmekapazität nur eine Funktion der Temperatur, bei realen Gasen
eine Funktion der Temperatur und des Druckes . Ist der Druck des
realen Gases nicht so hoch und seine Temperatur genügend groß ,so
kann die Druckabhängigkeit der Wärmekapazität eines realen Gases
vernachlässigt werden. Mit dieser Annahme kann die Enthalpieänderung berechnet werden , selbst wenn sich der Druck verändert.
Die Annahme der Druckunabhängigkeit gilt nur solange , wie die
Isothermen im Enthalpie-Entropie-Diagramm waagerecht verlaufen.

3. PROGRAMMAUFBAU

Das Programm besteht aus zwei Teilen. Der erste Teil übernimmt
die Eingabe der Koeffizienten, der zweite Teil die Berechnung
des Integrals.
Die Koeffizienten werden alle über die Taste A in der Reihenfolge
a_0 -a_8 eingegeben. Durch eine indirekte Speicherung werden die
Koeffizienten in die Speicher R_{00-08} eingelesen. Aus diesen
Speichern können die Werte dann beliebig oft aufgerufen werden.

Die Integration startet mit der Eingabe der oberen Grenze T_2. Es
wird die Stammfunktion von T_2 berechnet , ist die Stammfunktion
berechnet wird das Flag 1 gesetzt und die Stammfunktion von T_1,

die untere Grenze, berechnet. Im Anschluß wird die Differenz der
Stammfunktionen gebildet und angezeigt , da dies die gesuchte
Änderung der spezifischen Enthalpie ist .
Das Programm ist für die Rechner TI-58/58C und TI-59 ohne Drucker
vorgesehen und benötigt 86 Programmspeicherplätze und 14 Daten-
speicher(T a b e l l e 1).

Tabelle 1 Programmliste

000	76	LBL	022	42	STO	044	55	÷	066	00	00
001	11	A	023	12	12	045	53	(	067	77	77
002	72	ST*	024	00	0	046	43	RCL	068	43	RCL
003	10	10	025	42	STO	047	09	09	069	13	13
004	01	1	026	13	13	048	85	+	070	48	EXC
005	44	SUM	027	43	RCL	049	01	1	071	14	14
006	10	10	028	10	10	050	54	)	072	86	STF
007	43	RCL	029	75	-	051	95	=	073	01	01
008	10	10	030	01	1	052	44	SUM	074	61	GTO
009	75	-	031	95	=	053	13	13	075	00	00
010	01	1	032	32	X!T	054	43	RCL	076	20	20
011	95	=	033	01	1	055	11	11	077	43	RCL
012	91	R/S	034	94	+/-	056	49	PRD	078	14	14
013	76	LBL	035	42	STO	057	12	12	079	75	-
014	17	B'	036	09	09	058	43	RCL	080	43	RCL
015	42	STO	037	69	OP	059	09	09	081	13	13
016	14	14	038	29	29	060	22	INV	082	95	=
017	91	R/S	039	43	RCL	061	67	EQ	083	22	INV
018	76	LBL	040	12	12	062	00	00	084	86	STF
019	12	B	041	65	×	063	37	37	085	01	01
020	42	STO	042	73	RC*	064	87	IFF	086	91	R/S
021	11	11	043	09	09	065	01	01			

4. ANWENDUNGSBEISPIELE

4.1 Eingabeprozedur und Speicherbelegung

4.1.1 Eingabe der Koeffizienten der Exponentialreihe

- Vor jeder erneuten Eingabe müssen die Speicher gelöscht werden,
  dies geschieht durch die Anweisung   2nd CMs   .
- Die Eingabe der Koeffizienten erfolgt über die Taste A . Die
  Koeffizienten werden in der Reihenfolge $a_0, a_1, \ldots, a_8$ in den
  Rechner eingegeben. Nach jeder Eingabe erscheint der Index in
  der Anzeige, des Koeffizienten , der zuvor eingegeben worden ist.
- Bei fehlerhaften Eingaben löscht man alle Speicher und beginnt
  die Eingabe erneut.

4.1.2 <u>Berechnung der Enthalpieänderung   h</u>

- Die Temperatur des Zustandes 1 T_1 wird über die Tastenfolge
  2nd B' in den Rechner eingegeben . Der Wert bleibt in der
  Anzeige stehen.

- Die Temperatur des Zustandes 2 T_2 wird bei B eingegeben . Nach
  der Eingabe startet das Programm und der Wert der Enthalpieänderung Δ h wird in der Anzeige angezeigt.

Es lassen sich nur Exponentialreihen bis T^8 mit diesem Programm
programmieren , a_8 ist damit der letzte Koeffizient der eingegeben
werden kann.

4.1.3 <u>Die Speicherbelegung</u>

R_{00} : a_0 von c_p

R_{01} : a_1 von c_p

R_{02} : a_2 von c_p

R_{03} : a_3 von c_p

R_{04} : a_4 von c_p

R_{05} : a_5 von c_p

R_{06} : a_6 von c_p

R_{07} : a_7 von c_p

R_{08} : a_8 von c_p

R_{09} : Anzahl der Koeffizienten

R_{10} : Zahl der Koeffizienten, die eingegeben worden ist.

R_{11} : T

R_{12} : T^n n=1,2...8

R_{13} : Summe der Summanden

R_{14} : T_1 , $F(T_2)$

4.2 <u>Beispiel</u>

Die spezifische Wärmekapazität eines Gases liegt in Form einer
Exponentialreihe vor.

$$c_p = a_0 + a_1 \cdot T + a_2 \cdot T^2 + a_3 \cdot T^3 + a_4 \cdot T^4 + a_5 \cdot T^5 \qquad c_p \text{ in } KJ/K \cdot kg$$

Die Koeffizienten besitzen folgende Werte :

$a_0 = 0,0034$ $a_2 = 0,634$ $a_4 = -0,111$

$a_1 = -0,045$ $a_3 = -0,234$ $a_5 = 0,003$

Wie groß ist die Enthalpieänderung , wenn sich die Temperatur von
250K auf 300K ändert ?

4.2.1 Eingabe der Koeffizienten

Wert , Bedeutung	Tastenfolge	Anzeige
Speicher löschen	2nd CMs	
a_0 = 0,0034	A	0
a_1 =-0,045	A	1
a_2 = 0,634	A	2
a_3 =-0,234	A	3
a_4 =-0,111	A	4
a_5 = 0,003	A	5

Die Koeffizienten sind in der Reihenfolge a_{0-5} in den Datenspeichern R_{00-05} gespeichert.

4.2.2 Berechnung der Enthalpieänderung

Wert , Bedeutung	Tastenfolge	Anzeige
T_1 = 250	2nd B´	250
T_2 = 300	B	Programmstart und der Wert von Δh erscheint in der Anzeige $2,0992 \cdot 10^{11}$
Δh = $2,0992 \cdot 10^{11}$ kJ/kg		

Der Wert ist auf 4 Stellen gerundet.

5. BEDEUTUNG DER GRÖSSEN

h = spezifische Enthalpie

Δh= Änderung der spezifischen Enthalpie

c_p= spezifische Wärmekapazität bei konstantem Druck

T_1= Temperatur des Gases im Zustand 1 in Kelvin

T_2= Temperatur des Gases im Zustand 2 in Kelvin

a_i= Koeffizienten der Exponentialreihe

6. LITERATURHINWEIS

[1]   Baehr, H.D.   Thermodynamik

Springer-Verlag

Berlin Heidelberg New York 1981

5. Auflage

Durchlaufträger über zehn Felder unter beliebiger Belastung

von Heinz Mensing

1. ALLGEMEINES

Es führt im allgemeinen immer wieder zu einem erheblichen
Arbeitsaufwand, Balken über mehrere Felder zu berechnen.
Es gibt eine Vielzahl von statischen Verfahren, um solche
Probleme zu lösen. So gibt es Tafelwerte für Durchlaufträger, die aber konstante Stützweiten und bestimmte Be-
lastungsfälle voraussetzen. Treffen diese Bedingungen jedoch einmal nicht zu, so sind, um Näherungen auszuschließen,
genauere statische Berechnungen anzustellen, wobei für
Durchlaufträger iterative Methoden nach dem Weggrößen-
verfahren Vorteile gegenüber Kraftgrößenmethoden haben. Ziel
des nachfolgend beschriebenen Programmes soll nun sein, eine
iterative Methode für einen Tischrechner aufzuarbeiten und
zwar unter dem Aspekt, möglichst viele Speicherplätze bereit-
zuhalten.

2. PROGRAMMBESCHREIBUNG

Clapeyron hat die aus dem Kraftgrößenverfahren entstandene
Dreimomentengleichung in eine spezielle Form gebracht:

$$M_{i-1}l_i + 2M_i(l_i+l_{i+1}) + M_{i+1}l_{i+1} = -R_i l_i - L_{i+1}l_{i+1}. \tag{1}$$

Dieser Ausdruck ist Grundlage der Iteration. Die Belastungsglieder R und L sind in verschiedenen Tabellenwerken für
nahezu sämtliche Lastfälle durch Formeln erfaßt und so leicht
zu bestimmen (z. B. in [1]). Damit ist der Kern des Pro-

grammes erfaßt. Die Eingabedaten belaufen sich somit nur auf
drei Positionen:

    a) Eingabe der Feldweiten

    b) Eingabe der Lagerungsbedingungen am Endauflager

    c) Eingabe der Belastungsglieder

In den verschiedenen Berechnungsverfahren ist es oft nur
möglich, zwischen einer festen Einspannung oder einer vollkommen gelenkig gestalteten Außenlagerung zu unterscheiden.
Häufig tritt aber eine teilweise Einspannung auf, die dann
nur ungenügend berücksichtigt werden kann. Das vorliegende
Programm bietet die Möglichkeit, diese Ungenauigkeit rechne-
risch auszuschließen. Wenn der Einspanngrad bekannt ist
(c_o/c_u- Verfahren etc.), dann braucht nur die Differenz zu 1
an der entsprechenden Stelle (siehe Eingabebeschreibung
sowie Beispiel 2) mit   n e g a t i v e m   Vorzeichen eingelesen werden. Handelt es sich jedoch um eine vollkommen
gelenkige Lagerung, so ist eine "O" einzugeben (für eine
Einspannung eine "-1").

Das Programm nutzt dabei die Tatsache aus, daß die Summe
aller Einspanngrade am Knoten 1 ergeben muß. Dabei wird eine
Ersatzstablänge l_o (bzw. l_{n+1}) bestimmt, die dann vomm Programm verarbeitet wird.

    Beispiel:

Das Lager A hat einen Einspanngrad m. Unter der Voraussetzung, daß der fiktive Anschlußstab an seinem Ende fest ein-
gespannt ist, läßt sich die Ersatzstablänge aus Aufteilungs-
zahl und Stabkennwerten berechnen; einem Vollgelenk schließt
sich ein Stab von unendlicher Länge an (aus mathematischen
Gründen hier aber $l_o = 10^9$), bei der Einspannung ist $l_o = 0$.

Feldweise unterschiedliche Flächenmomente I können durch
eine veränderte Längeneingabe berücksichtigt werden; die
neue Feldweite l_i' entsteht aus $l_i' = l_i \dfrac{I_c}{I_i}$, Ic ist bekanntlich
das Vergleichsflächenmoment, das beliebig gewählt werden
kann. Die Belastungsglieder sind jedoch mit der wirklichen
Stablänge zu bestimmen.

Um die Eingabe der Belastungsglieder übersichtlich zu ge-
stalten, ist es notwendig, die einzelnen Positionen nach
folgendem Schema festzulegen:

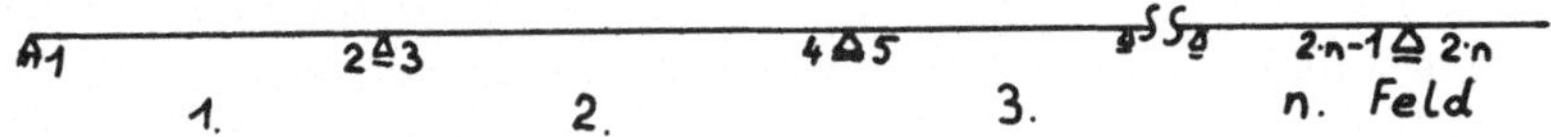

In der Eingabe braucht dann nur für die Knotennummer die
Belastungsgröße eingegeben werden. Dadurch vereinfacht sich
der Gebrauch erheblich, zum Beispiel, wenn nur einzelne
Felder belastet sind.

3. EINGABEBESCHREIBUNG

Bevor das Programm eingelesen werden kann, ist die Speicherbereichsverteilung auf 319.79 zu verändern. Nachdem in einer
Vorrechnung die Belastungsglieder für die einzelnen Stäbe
ermittelt worden sind, müssen gegebenenfalls unterschiedliche I_i berücksichtigt werden. Danach setzt sich die
Eingabe für das Programm wie folgt zusammen:

Eingabe	Anzeige	
R/S	13	
n	−1	Anzahl der Felder
l_1	l_1	erste Stablänge
$-m_1'$	1	$m_1'=1-m_1$; $m_1=$ Einspanngrad
l_i	l_i	sämtliche weitere
bis l_{n-1}	l_{n-1}	Stützweiten
l_n	l_n	letzte Stablänge
$-m_n'$	1	$m_n'=1-m_n$; $m_n=$ Einspanngrad
g_i	$26+g_i$	Knotennummer links
L_i	L_i	Belastungsgröße links
g_{i+1}	$26+g_{i+1}$	Knotennummer rechts
R_{i+1}	R_{i+1}	Belastungsgröße rechts
...	...	...
o		Ende der Eingabe

4. AUSGABEBESCHREIBUNG

Um nicht unnötig viel Speicherkapazität zu verbrauchen, ist
auf eine aufwendige Ausgabe verzichtet worden. Auf dem

Druckerbild erscheinen die Stützmomente sämtlicher Auflager,
also auch der Außenlager, wenn diese als gelenkig angenommen
worden sind (Druckerbild o.ooooo). Die Reihenfolge entspricht der der Eingabe. Sollte keine Ausdruckmöglichkeit
bestehen, so sind die Werte ab Speicherplatz 31 zu finden.

erstes Beispiel:

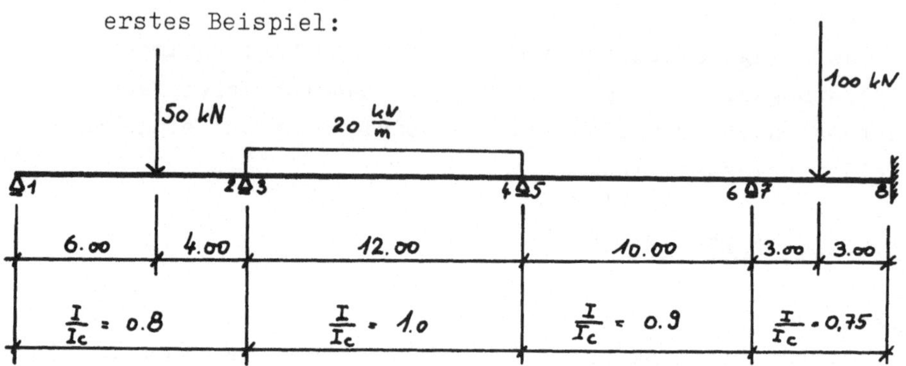

Eingabe: Anzeige:

   R/S   13
   4   -1
   12.5   12.5
   o   1
   12   12
   11.11111   11.11111
   8   8
   -1   -1
   1   27
   168   168
   2   28
   192   192
   3   29
   72o   72o
   4   3o
   72o   72o
   7   33
   225   225
   8   34
   225   225
   o

zweites Beispiel:

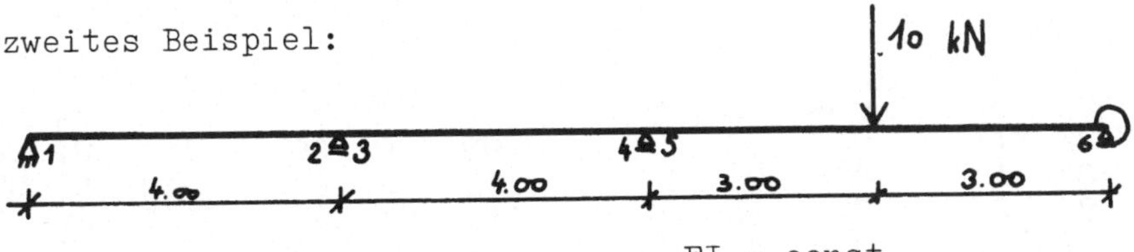

EI = const.

Bei "6" soll es sich um eine 45% Einspannung handeln.

Eingabe:	Anzeige:
R/S	13
3	-1
4	4
o	1
4	4
6	6
-o.55	1
5	31
22.5	22.5
6	32
22.5	22.5
o	

Lösungen:

erstes Beispiel	zweites Beispiel
0.00000	-0.00000
-19o.46886	1.35892
-142.25476	-5.43553
19.88772	-5.28756
-122.44386	

Programm

Nr.	Code	Taste		Nr.	Code	Taste		Nr.	Code	Taste		Nr.	Code	Taste
000	00	0		054	65	×		108	42	STO		162	44	SUM
001	32	X:T		055	53	(		109	00	00		163	01	01
002	01	1		056	01	1		110	02	2		164	69	DP
003	03	3		057	85	+		111	05	5		165	26	26
004	42	STO		058	43	RCL		112	42	STO		166	69	DP
005	00	00		059	05	05		113	01	01		167	22	22
006	91	R/S		060	54	)		114	01	1		168	69	DP
007	42	STO		061	95	=		115	01	1		169	23	23
008	04	04		062	94	+/-		116	42	STO		170	69	DP
009	42	STO		063	72	ST*		117	02	02		171	25	25
010	08	08		064	01	01		118	01	1		172	61	GTO
011	85	+		065	01	1		119	02	2		173	01	01
012	03	3		066	42	STO		120	42	STO		174	30	30
013	95	=		067	01	01		121	03	03		175	76	LBL
014	42	STO		068	69	DP		122	05	5		176	30	TAN
015	07	07		069	20	20		123	00	0		177	09	9
016	01	1		070	61	GTO		124	42	STO		178	42	STO
017	94	+/-		071	28	LOG		125	05	05		179	09	09
018	42	STO		072	76	LBL		126	06	6		180	02	2
019	01	01		073	52	EE		127	04	4		181	03	3
020	03	3		074	71	SBR		128	42	STO		182	42	STO
021	44	SUM		075	42	STO		129	06	06		183	01	01
022	04	04		076	01	1		130	73	RC*		184	02	2
023	69	DP		077	52	EE		131	00	00		185	04	4
024	28	28		078	09	9		132	65	×		186	42	STO
025	76	LBL		079	72	ST*		133	73	RC*		187	00	00
026	28	LOG		080	01	01		134	02	02		188	00	0
027	22	INV		081	01	1		135	85	+		189	72	ST*
028	97	DSZ		082	42	STO		136	73	RC*		190	00	00
029	07	07		083	01	01		137	01	01		191	22	INV
030	23	LNX		084	69	DP		138	65	×		192	97	DSZ
031	91	R/S		085	20	20		139	73	RC*		193	01	01
032	42	STO		086	61	GTO		140	03	03		194	32	X:T
033	05	05		087	28	LOG		141	95	=		195	69	DP
034	22	INV		088	76	LBL		142	72	ST*		196	20	20
035	77	GE		089	23	LNX		143	05	05		197	61	GTO
036	57	ENG		090	91	R/S		144	73	RC*		198	01	01
037	67	EQ		091	67	EQ		145	02	02		199	88	88
038	52	EE		092	24	CE		146	85	+		200	76	LBL
039	72	ST*		093	85	+		147	73	RC*		201	32	X:T
040	00	00		094	02	2		148	03	03		202	43	RCL
041	69	DP		095	06	6		149	95	=		203	08	08
042	20	20		096	95	=		150	65	×		204	42	STO
043	61	GTO		097	42	STO		151	02	2		205	07	07
044	28	LOG		098	01	01		152	95	=		206	02	2
045	76	LBL		099	91	R/S		153	72	ST*		207	44	SUM
046	57	ENG		100	72	ST*		154	06	06		208	07	07
047	71	SBR		101	01	01		155	22	INV		209	22	INV
048	42	STO		102	61	GTO		156	97	DSZ		210	97	DSZ
049	73	RC*		103	23	LNX		157	04	04		211	09	09
050	00	00		104	76	LBL		158	30	TAN		212	35	1/X
051	55	÷		105	24	CE		159	02	2		213	05	5
052	43	RCL		106	02	2		160	44	SUM		214	00	0
053	05	05		107	04	4		161	00	00		215	42	STO

Fortsetzung

216	10	10	242	10	10	268	01	1	294	22	INV
217	02	2	243	85	+	269	44	SUM	295	52	EE
218	09	9	244	73	RC*	270	10	10	296	69	OP
219	42	STO	245	01	01	271	69	OP	297	06	06
220	01	01	246	65	×	272	21	21	298	22	INV
221	01	1	247	73	RC*	273	69	OP	299	97	IISZ
222	01	1	248	02	02	274	22	22	300	08	08
223	42	STO	249	85	+	275	69	OP	301	23	LNX
224	02	02	250	73	RC*	276	23	23	302	69	OP
225	03	3	251	03	03	277	69	OP	303	20	20
226	01	1	252	65	×	278	24	24	304	61	GTO
227	42	STO	253	73	RC*	279	69	OP	305	02	02
228	03	03	254	04	04	280	25	25	306	92	92
229	01	1	255	95	=	281	69	OP	307	76	LBL
230	02	2	256	55	÷	282	26	26	308	42	STO
231	42	STO	257	73	RC*	283	61	GTO	309	69	OP
232	04	04	258	05	05	284	02	02	310	30	30
233	06	6	259	95	=	285	41	41	311	43	RCL
234	04	4	260	94	+/-	286	76	LBL	312	00	00
235	42	STO	261	72	ST*	287	35	1/X	313	85	+
236	05	05	262	06	06	288	03	3	314	43	RCL
237	03	3	263	25	CLR	289	01	1	315	01	01
238	00	0	264	22	INV	290	42	STO	316	95	=
239	42	STO	265	97	IISZ	291	00	00	317	42	STO
240	06	06	266	07	07	292	73	RC*	318	01	01
241	73	RC*	267	32	X!T	293	00	00	319	92	RTN

Literaturverzeichnis:

[1] Betonkalender 1979, Teil I, Seite 6o2 ff.

Konsumenten-Ratenkredite (Kleinkredite)
von Heinrich Hoffmeier

1 GRUNDLAGE

Seit dem 1.1.1981 gilt eine neue Formel zur Berechnung der Effektivverzinsung von Ratenkrediten [1], um die Vergleichsmöglichkeiten der verschiedenen Angebote zu verbessern und die Vorschriften der Preisangabenverordnung [2] zu erfüllen:

$$q^J*(1+\frac{m}{12}*i)-\frac{100+M*p+b}{100*M}*\left[(\frac{11}{2}+\frac{12}{i})*(q^J-1)*(1+\frac{m}{12}*i)+m*(1+\frac{m-1}{24}*i)\right] = 0$$

mit den Parametern

p = nomineller Zinssatz in % pro Monat des Kreditbetrages

b = Bearbeitungsgebühr in % des Kreditbetrages

M = Gesamtlaufzeit in Monaten (Anzahl der Rückzahlungsraten)

J = Laufzeit in vollen Jahren (J=int(M/12))

m = restliche Laufzeit in Monaten (m=M-J*12)

e = Effektivzinssatz in % p.a. (als Ergebnis nach Preisangabenverordnung mit mind. 1, höchstens 2 Nachkommastellen)

i = e/100

q = 1+i

und weiteren Variablen im Programm

erg = Ergebnis der jeweiligen Formelberechnung (Iteration)

Δerg = gewünschte Genauigkeit

sign(erg) = Vorzeichen von erg

sign(erg alt) = Vorzeichen des vorherigen erg

ind(x) = indirektes Ansprechen der jeweils gesuchten Lösungsvariablen i, p, M oder b

Δind(x) = dergl. für die Schrittweite

2 PROGRAMMUMFANG

2.1 Berechnungsgrößen

Das Programm ermöglicht neben der Berechnung der Effektivverzinsung auch die Berechnung des nominellen Zinssatzes p.M. (p), der Laufzeit (Monatsraten M) und der Bearbeitungsgebühr (b).

Der gesuchte Parameter ist bei der Eingabe jeweils zu übergehen.
Die Eingabewerte zu p, M oder e müssen >=Ø sein (aus praktischen
Gründen wird auf >Δerg geprüft), da sowohl eine Division durch
Ø (bei M und i) zu vermeiden ist als auch negative Zinsen un-
sinnig sind (p und i). Darüber hinaus werden als Anfangswert
und Schrittweite für den gesuchten Wert teilerfremde Zahlen
gewählt; der Wert bleibt also bei der Iteration ≠ Ø. Es ist jedoch nicht auszuschließen, daß bei Wahl extremer Parameter-
größen falsche bzw. unsinnige Ergebnisse auftreten können (z.B.
bei kleinem p und negativem b wird e negativ, bei großem p und
kleinem e wird M oder b negativ). Brachenübliche Werte liegen
im folgenden Bereich:

p: zwischen 0,30 und 0,80 (2 Nachkommastellen)

b: durchweg bei 2

M: zwischen 12 und 60 (ohne Nachkommastellen)

e: zwischen 7,50 und 20,00 (1 oder 2 Nachkommastellen)

Die Höhe des Kreditbetrages und der Ratenbeträge hat keinen
Einfluß auf die Formel. Es gilt:

Ratenbetrag = (Kreditbetrag*(1ØØ+b+m*p)) / (1ØØ*M),

wobei der Ratenbetrag auf volle DM gerundet und die Differenz
bei der ersten Rate berücksichtigt wird.

2.2 Grenzwerte durch die Bearbeitungsgebühr

Interessant ist der Einfluß der Bearbeitungsgebühr auf die
Effektivverzinsung, dargestellt mit den Werten aus Beispiel 1:

Laufzeit Monate	e ohne b	e mit b	
unterer Grenzwert	0,00	47,06	nur von b abhängig, bei M→Ø allgemein: (24ØØ*b) / (1ØØ+b)
1	7,44	31,45	
2	9,96	26,20	
3	11,26	23,62	
5	12,66	21,12	
8	13,76	19,62	
12	14,66	18,94	
24	14,77 (Max.)	16,83	
50	14,32	15,23	
100	13,39	13,80	
1000	8,99	9,01	
oberer Grenzwert	7,70	7,70	nur von p abhängig, bei M→∞ allgemein: (12ØØ*p)/(1ØØ-5.5*p)

2.3 Anfangswerte der Iteration

Die Werte für p und i wurden im Hinblick auf das derzeitige
hohe Zinsniveau gewählt, wobei der vorgegebene Signum-Wert be-
wirkt, daß der Anfangswert beim 2. Durchlauf um die Schrittweite erhöht wird. Es empfiehlt sich, bei einem Rückgang der
Zinsen entweder das Vorzeichen des Signum-Wertes zu ändern oder
den Anfangswert zu ermäßigen. Sinngemäß ist zu verfahren, falls
nur Berechnungen für längere Ratenlaufzeiten vorgenommen werden.

Berechnung von	Anfangs-wert	Schritt-weite	Signum-Wert	Änderung des jeweiligen Anfangswertes, falls Ergebnis	
				negativ	positiv
i	0,1	0,03	-1	Erhöhung	Ermäßigung
p	0,5	0,03	+1	Ermäßigung	Erhöhung
M	20	6	-1	Erhöhung	Ermäßigung
b	1	0,3	+1	Ermäßigung	Erhöhung

3 PROGRAMMABLAUF

Voreinstellung des Rechners: keine (Normalverteilung).
Die Ziffern zur Parametereingabe werden wiederholt, falls die
Eingabe ungültig ist. Den zu berechnenden Parameter mit R/S
übergehen. Bei Anzeige "5" Auswahl der Berechnung mit "B", "C",
"D" oder "E"; wird stattdessen R/S gedrückt, ist Eingabewieder-
holung nötig bzw. möglich. Das Programm läuft ab Auswahl der
Berechnung durchweg 2 - 3 min bei 20 - 30 Schleifendurchläufen;
die Laufzeit hängt von der gewünschten Genauigkeit ab.
Die Verzweigungen erfolgen über die absoluten Adressen, die einzelnen Programmteile sind jedoch noch mit "LBL ..." gekenn-
zeichnet (s. Struktogramm, Zeilennr. in Klammern). Ferner enthält des Programm eine große Anzahl Nop-Zeilen, die zur Änderung der voreingestellten Werte oder zum Einbau von R/S- und
Prt-Befehlen usw. benützt werden können (z.B. Ergebnis der
Formel bei Schritt 220).

	Eingabe	Betätigung	Anzeige
Start des Programms		A	1
Zinssatz pro Monat in %	p	R/S	2
Bearbeitungsgebühr in %	b	R/S	3
Laufzeit in Monaten	M	R/S	4
Effektivzinssatz p.a. in %	e	R/S	5
entweder erneute Eingabe		R/S	
oder Auswahl Berechnung von			
e		B	n,nn
p		C	n,nn
M		D	n,nn
b		E	n,nn

Speicherbelegung:

R00		R10	sign(erg alt)
R01	p	R11	erg
R02	b	R12	Δerg
R03	M	R13	Δi, Δp, ΔM, Δb
R04	i	R14	(1+M/12*i) als Zwischenwert
R05	m	R15	Anzeige-Ergebnis n,nn
R06	J	R16	
R07	Schleifenzähler	R17	ind.Adressen für i, p, M oder b
R08	q^J (Zwischenwert)	R18	
R09		R19	

Flags: Flag1 bei Berechnung von i
         Flag3 bei Berechnung von M

4 HINWEIS FÜR TI 58-BENUTZER

Die Reduzierung der Zeilenzahl auf 320 ist durch Entfernen der
Nop-Zeilen, der Eingabeprüfung und der nicht benötigten Label
möglich, wobei jedoch die absoluten Adressen der Verzweigungen
zu ändern sind.

5 BEISPIELE

	1	2

Eingabe von

p	1. 0.62	1. 0.58
b	2. 2.	2. 2.
M	3. 30.	3. 36.
– (R/S)	4. 4.	4. 4.
Ausgabe e	16.26	14.96

Speicher-
inhalt

1		2	
0.	00	0.	00
0.62	01	0.58	01
2.	02	2.	02
30.	03	36.	03
0.16258	04	0.149593	04
6.	05	0.	05
2.	06	3.	06
27.	07	21.	07
1.351592256	08	1.519260799	08
0.	09	0.	09
1.	10	-1.	10
.0000046092	11	-.0000076958	11
0.00001	12	0.00001	12
-0.00003	13	0.000003	13
1.08129	14	1.	14
16.258	15	14.9593	15
0.	16	0.	16
4.	17	4.	17
0.	18	0.	18
0.	19	0.	19

Gegenrechnungen:

mit b, M, e	p = 0,62	p = 0,58
mit p, b, e	M =29,98	M =36,00
mit p, M, e	b = 2,00	b = 2,00

```
┌─────────────────────────────────────────────────────────────────────┐
│  A              (Eingabe)                                 (027-111)    │
│  ┌──────────────────────────────────────────────────────────────────┐│
│  │ Speicher und t-Register löschen                                   ││
│  │ Δerg:= 0,00001                                                    ││
│  ├──────────────────────────────────────────────────────────────────┤│
│  │   ┌──────────────────────────────────────────────────────────────┤│
│  │   │ Eingabe   p        (Unterlassungswert = 1)           (051)    ││
│  │ ┌─┤ p >= Δerg                                                     ││
│  │ └→├──────────────────────────────────────────────────────────────┤│
│  │   │ Eingabe   b        (Unterlassungswert = 2)           (062)    ││
│  │   ├──────────────────────────────────────────────────────────────┤│
│  │   │ Eingabe   M        (Unterlassungswert = 3)           (072)    ││
│  │   │ M:= int(M)                                                    ││
│  │ ┌─┤ M >= Δerg                                                     ││
│  │ └→├──────────────────────────────────────────────────────────────┤│
│  │   │ Eingabe   e        (Unterlassungswert = 4)           (089)    ││
│  │ ┌─┤ e >= Δerg                                                     ││
│  │ └→├──────────────────────────────────────────────────────────────┤│
│  │   │ i:=   e/100                                                   ││
│  │   ├──────────────────────────────────────────────────────────────┤│
│  │   │ UP Exc                                               (002-026)││
│  │   ├──────────────────────────────────────────────────────────────┤│
│  │   │ weiter mit B oder C oder D oder E entsprechend der            ││
│  │   │ Auswahl (bei R/S neue Eingabe)                                ││
│  └──┴──────────────────────────────────────────────────────────────┘│
└─────────────────────────────────────────────────────────────────────┘


┌─────────────────────────────────────────────────────────────────────┐
│  B            ( i berechnen)                              (310-335)    │
│  ┌──────────────────────────────────────────────────────────────────┐│
│  │ Anfangswert von i:= 0,1                                           ││
│  │ Δi:= 0,03                                                         ││
│  │ sign(erg alt):= -1                                                ││
│  │ indirekte Adresse:= 4                                             ││
│  │ Flagl setzen                                                      ││
│  ├──────────────────────────────────────────────────────────────────┤│
│  │ weiter mit B'                                         (122)        ││
│  └──────────────────────────────────────────────────────────────────┘│
└─────────────────────────────────────────────────────────────────────┘
```

C	(p berechnen)	(336-359)
Anfangswert von p:= $0,5$ $\Delta p:= 0,03$ sign(erg alt):= +1 indirekte Adresse:= 1		
weiter mit B'		(122)

D	(M berechnen)	(360-384)
Anfangswert von M:= 20 $\Delta M:= 6$ sign(erg alt):= -1 indirekte Adresse:= 3 Flag3 setzen		
weiter mit A'		(114)

E	(b berechnen)	(385-402)
Anfangswert von b:= 1 $\Delta b:= 0,3$ sign(erg alt):= +1 indirekte Adresse:= 2		
weiter mit B'		(122)

UP Exc	(002-026)
J:= int(M/12) m:= M - J*12	

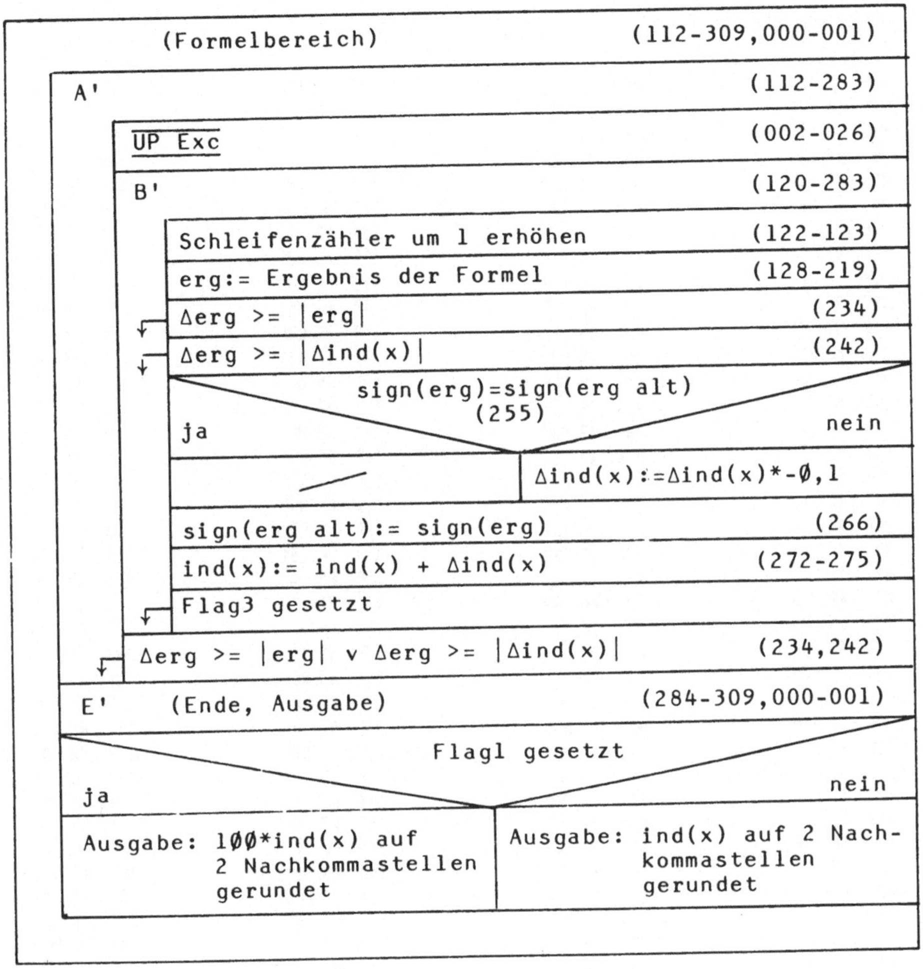

(Formelbereich)	(112-309,000-001)

A'	(112-283)

$\overline{\text{UP Exc}}$	(002-026)

B'	(120-283)

Schleifenzähler um 1 erhöhen	(122-123)
erg := Ergebnis der Formel	(128-219)
Δerg >= |erg|	(234)
Δerg >= |Δind(x)|	(242)

sign(erg)=sign(erg alt)
(255)

ja		nein
		Δind(x):=Δind(x)*-0,1

sign(erg alt):= sign(erg)	(266)
ind(x):= ind(x) + Δind(x)	(272-275)
Flag3 gesetzt	

Δerg >= |erg| v Δerg >= |Δind(x)|	(234,242)

E' (Ende, Ausgabe)	(284-309,000-001)

Flag1 gesetzt

ja	nein
Ausgabe: 100*ind(x) auf 2 Nachkommastellen gerundet	Ausgabe: ind(x) auf 2 Nach- kommastellen gerundet

Anweisungsliste für TI-59

000	91	R/S	055	49	49	110	68	NOP	165	85	+
001	81	RST	056	99	PRT	111	68	NOP	166	43	RCL
002	76	LBL	057	42	STO	112	76	LBL	167	02	02
003	48	EXC	058	01	01	113	16	A'	168	54	)
004	43	RCL	059	68	NOP	114	71	SBR	169	55	÷
005	03	03	060	02	2	115	00	00	170	43	RCL
006	55	÷	061	99	PRT	116	02	02	171	03	03
007	01	1	062	91	R/S	117	68	NOP	172	55	÷
008	02	2	063	99	PRT	118	68	NOP	173	01	1
009	95	=	064	42	STO	119	68	NOP	174	00	0
010	59	INT	065	02	02	120	76	LBL	175	00	0
011	42	STO	066	68	NOP	121	17	B'	176	65	×
012	06	06	067	68	NOP	122	69	OP	177	53	(
013	65	×	068	76	LBL	123	27	27	178	53	(
014	01	1	069	39	COS	124	68	NOP	179	05	5
015	02	2	070	03	3	125	68	NOP	180	93	.
016	94	+/-	071	99	PRT	126	68	NOP	181	05	5
017	85	+	072	91	R/S	127	68	NOP	182	85	+
018	43	RCL	073	59	INT	128	43	RCL	183	01	1
019	03	03	074	22	INV	129	04	04	184	02	2
020	95	=	075	77	GE	130	85	+	185	55	÷
021	42	STO	076	00	00	131	01	1	186	43	RCL
022	05	05	077	70	70	132	95	=	187	04	04
023	68	NOP	078	99	PRT	133	45	Yˣ	188	54	)
024	68	NOP	079	42	STO	134	43	RCL	189	65	×
025	68	NOP	080	03	03	135	06	06	190	53	(
026	92	RTN	081	68	NOP	136	95	=	191	43	RCL
027	76	LBL	082	68	NOP	137	42	STO	192	08	08
028	11	A	083	68	NOP	138	08	08	193	75	-
029	47	CMS	084	68	NOP	139	65	×	194	01	1
030	29	CP	085	76	LBL	140	53	(	195	54	)
031	68	NOP	086	30	TAN	141	01	1	196	65	×
032	68	NOP	087	04	4	142	85	+	197	43	RCL
033	68	NOP	088	99	PRT	143	43	RCL	198	14	14
034	93	.	089	91	R/S	144	05	05	199	85	+
035	00	0	090	22	INV	145	55	÷	200	43	RCL
036	00	0	091	77	GE	146	01	1	201	05	05
037	00	0	092	00	00	147	02	2	202	65	×
038	00	0	093	87	87	148	65	×	203	53	(
039	01	1	094	99	PRT	149	43	RCL	204	01	1
040	00	0	095	55	÷	150	04	04	205	85	+
041	00	0	096	01	1	151	54	)	206	53	(
042	42	STO	097	00	0	152	42	STO	207	43	RCL
043	12	12	098	00	0	153	14	14	208	05	05
044	32	X:T	099	95	=	154	75	-	209	75	-
045	22	INV	100	42	STO	155	53	(	210	01	1
046	58	FIX	101	04	04	156	43	RCL	211	54	)
047	76	LBL	102	71	SBR	157	03	03	212	55	÷
048	38	SIN	103	00	00	158	65	×	213	02	2
049	01	1	104	02	02	159	43	RCL	214	04	4
050	99	PRT	105	68	NOP	160	01	01	215	65	×
051	91	R/S	106	05	5	161	85	+	216	43	RCL
052	22	INV	107	95	=	162	01	1	217	04	04
053	77	GE	108	91	R/S	163	00	0	218	54	)
054	00	00	109	11	A	164	00	0	219	95	=

Fortsetzung

220	68 NOP	275	17 17	330	86 STF	385	76 LBL
221	68 NOP	276	87 IFF	331	01 01	386	15 E
222	68 NOP	277	03 03	332	61 GTO	387	01 1
223	68 NOP	278	01 01	333	01 01	388	42 STO
224	68 NOP	279	14 14	334	22 22	389	02 02
225	68 NOP	280	61 GTO	335	68 NOP	390	68 NOP
226	68 NOP	281	01 01	336	76 LBL	391	42 STO
227	68 NOP	282	22 22	337	13 C	392	10 10
228	42 STO	283	68 NOP	338	93 .	393	93 .
229	11 11	284	76 LBL	339	05 5	394	03 3
230	50 I×I	285	10 E'	340	00 0	395	42 STO
231	32 X:T	286	22 INV	341	42 STO	396	13 13
232	43 RCL	287	87 IFF	342	01 01	397	02 2
233	12 12	288	01 01	343	93 .	398	42 STO
234	77 GE	289	02 02	344	00 0	399	17 17
235	02 02	290	97 97	345	03 3	400	61 GTO
236	86 86	291	01 1	346	42 STO	401	01 01
237	32 X:T	292	00 0	347	13 13	402	22 22
238	43 RCL	293	00 0	348	68 NOP	403	68 NOP
239	13 13	294	65 ×	349	01 1	404	68 NOP
240	50 I×I	295	76 LBL	350	42 STO	405	68 NOP
241	32 X:T	296	19 D'	351	10 10	406	68 NOP
242	77 GE	297	73 RC*	352	42 STO		
243	02 02	298	17 17	353	17 17		
244	86 86	299	95 =	354	61 GTO		
245	68 NOP	300	58 FIX	355	01 01		
246	68 NOP	301	02 02	356	22 22		
247	68 NOP	302	42 STO	357	68 NOP		
248	43 RCL	303	15 15	358	68 NOP		
249	11 11	304	99 PRT	359	68 NOP		
250	69 OP	305	81 RST	360	76 LBL		
251	10 10	306	68 NOP	361	14 D		
252	32 X:T	307	68 NOP	362	02 2		
253	43 RCL	308	68 NOP	363	00 0		
254	10 10	309	68 NOP	364	42 STO		
255	67 EQ	310	76 LBL	365	03 03	Label	
256	02 02	311	12 B	366	06 6		
257	65 65	312	93 .	367	42 STO		
258	93 .	313	01 1	368	13 13	003	48 EXC
259	01 1	314	00 0	369	01 1	028	11 A
260	94 +/-	315	42 STO	370	94 +/-	048	38 SIN
261	49 PRD	316	04 04	371	42 STO	069	39 COS
262	13 13	317	93 .	372	10 10	086	30 TAN
263	76 LBL	318	00 0	373	03 3	113	16 A'
264	18 C'	319	03 3	374	42 STO	121	17 B'
265	32 X:T	320	42 STO	375	17 17	264	18 C'
266	42 STO	321	13 13	376	68 NOP	285	10 E'
267	10 10	322	68 NOP	377	68 NOP	296	19 D'
268	68 NOP	323	01 1	378	68 NOP	311	12 B
269	68 NOP	324	94 +/-	379	68 NOP	337	13 C
270	68 NOP	325	42 STO	380	86 STF	361	14 D
271	68 NOP	326	10 10	381	03 03	386	15 E
272	43 RCL	327	04 4	382	61 GTO		
273	13 13	328	42 STO	383	01 01		
274	74 SM*	329	17 17	384	14 14		

Hinweise für HP-Benutzer:

Die Programmversion für den HP41C ist in den folgenden Punkten
gegenüber der TI 59-Beschreibung und dem Struktogramm
geändert worden:
1. Die Eingabeaufforderung wurde auf Text umgestellt.
2. Der Formelbereich (A', B', E') wird als Unterprogramm von
   B, C, D oder E aufgerufen, wobei die Ausgabe des jeweiligen
   Ergebnisses mit Text erfolgt.
3. Die Berechnung der Formel beginnt in der innersten Klammer.
4. Die im Struktogramm genannten Zeilennummern gelten natürlich
   nicht für den HP41C.
Die HP-Benutzer werden um Verständnis dafür gebeten, daß bei
größtmöglicher Beibehaltung der TI-Struktur das HP-Programm
nicht optimal sein kann.
Voreinstellung: SIZE Ø2Ø (4o7 Bytes), Drucker = NORM.

```
01*LBL "RAKRE"    42 X<>Y        83 6           124 Y↑X        165 X<>Y       206 12
02*LBL A          43 100         84 STO 13      125 STO 08     166 -          207 /
03 CLRG           44 /           85 -1          126 1          167 STO 11     208 INT
04 FIX 0          45 STO 04      86 STO 10      127 -          168 ABS        209 STO 06
05 CF 03          46*LBL 05      87 3           128 *          169 RCL 12     210 12
06 SF 27          47 XEQ "EXC"   88 STO 17      129 RCL 05     170 X<>Y       211 *
07 CF 29          48 "5-B, C, D, E ?"  89 SF 03  130 RCL 04    171 X<=Y?      212 CHS
08 1 E-5          49 PROMPT      90 XEQ a       131 *          172 GTO e      213 RCL 03
09 STO 12         50*LBL B       91 "M="        132 12         173 RDN        214 +
10*LBL 01         51 ,1          92 ARCL X      133 /          174 RCL 13     215 STO 05
11 1              52 STO 04      93 "⊢ MON."    134 1          175 ABS        216 RTN
12 "1-P= %P.M.?"  53 ,03         94 AVIEW       135 +          176 X<=Y?      217 END
13 PROMPT         54 STO 13      95 RTN         136 STO 14     177 GTO e
14 STO 01         55 -1         96*LBL E        137 *          178 RCL 10     LBL'RAKRE
15 RCL 12         56 STO 10      97 1           138 RCL 05     179 RCL 11     LBL'EXC
16 X>Y?           57 4          98 STO 02       139 1          180 SIGN       END    407 BYTES
17 GTO 01         58 STO 17      99 STO 10      140 -          181 STO 10
18*LBL 02         59 SF 01       100 ,3         141 RCL 04     182 X=Y?
19 2              60 XEQ b       101 STO 13     142 *          183 GTO c
20 "2-b= %?"      61 "e="        102 2          143 24         184 -,1
21 PROMPT         62 ARCL X      103 STO 17     144 /          185 ST* 13
22 STO 02         63 "⊢ %P.A."   104 XEQ b      145 1          186*LBL c
23 RCL 12         64 AVIEW       105 "b="       146 +          187 RCL 13
24 X>Y?           65 RTN         106 ARCL X     147 RCL 05     188 ST+ IND 17
25 GTO 02         66*LBL C       107 "⊢ %"      148 *          189 FS? 03
26*LBL 03         67 ,5          108 AVIEW      149 +          190 GTO a
27 3              68 STO 01      109 RTN        150 RCL 03     191 GTO b
28 "3-M= MON.?"   69 ,03         110*LBL a      151 RCL 01     192*LBL e
29 PROMPT         70 STO 13      111 XEQ "EXC"  152 *          193 100
30 INT            71 1           112*LBL b      153 RCL 02     194 ENTER↑
31 STO 03         72 STO 10      113 1          154 +          195 1
32 RCL 12         73 STO 17      114 ST+ 07     155 100        196 FS?C 01
33 X>Y?           74 XEQ b       115 12         156 +          197 X<>Y
34 GTO 03         75 "P="        116 RCL 04     157 RCL 03     198 RCL IND 17
35*LBL 04         76 ARCL X      117 /          158 /          199 *
36 4              77 "⊢ %P.M."   118 5,5        159 100        200 FIX 2
37 "4-e= %P.A.?"  78 AVIEW       119 +          160 /          201 RND
38 PROMPT         79 RTN         120 RCL 04     161 *          202 STO 15
39 RCL 12         80*LBL D       121 1          162 RCL 08     203 RTN
40 X>Y?           81 20          122 +          163 RCL 14     204*LBL "EXC"
41 GTO 04         82 STO 03      123 RCL 06     164 *          205 RCL 03
```

```
01♦LBL "RAKRE"          50♦LBL B                 24 / 1 + RCL 05 *
                        ,1 STO 04  ,03 STO 13     + RCL 03 RCL 01 *
02♦LBL A                -1 STO 10  4 STO 17      RCL 02 + 100 +
CLRG FIX 0 CF 03        SF 01 XEQ b "e="         RCL 03 / 100 / *
SF 27 CF 29 1 E-5       ARCL X "⊦ %P.A." AVIEW   RCL 08 RCL 14 * X<>Y
STO 12                  RTN                      - STO 11 ABS RCL 12
                                                 X<>Y X<=Y? GTO e RDN
10♦LBL 01               66♦LBL C                 RCL 13 ABS X<=Y?
1 "1-P= %P.M.?" PROMPT  ,5 STO 01  ,03 STO 13    GTO e RCL 10 RCL 11
STO 01 RCL 12 X>Y?      1 STO 10 STO 17 XEQ b    SIGN STO 10 X=Y?
GTO 01                  "P=" ARCL X "⊦ %P.M."    GTO c  -,1 ST* 13
                        AVIEW RTN
18♦LBL 02
2 "2-b= %?" PROMPT      80♦LBL D
STO 02 RCL 12 X>Y?      20 STO 03 6 STO 13
GTO 02                  -1 STO 10 3 STO 17       186♦LBL c
                        SF 03 XEQ a "M="         RCL 13 ST+ IND 17
26♦LBL 03               ARCL X "⊦ MON." AVIEW    FS? 03 GTO a GTO b
3 "3-M= MON.?" PROMPT   RTN
INT STO 03 RCL 12
X>Y? GTO 03             96♦LBL E
                        1 STO 02 STO 10 ,3       192♦LBL e
35♦LBL 04               STO 13 2 STO 17 XEQ b    100 ENTER↑ 1 FS?C 01
4 "4-e= %P.A.?" PROMPT  "b=" ARCL X "⊦ %"        X<>Y RCL IND 17 *
RCL 12 X>Y? GTO 04      AVIEW RTN                FIX 2 RND STO 15 RTN
X<>Y 100 / STO 04
                        110♦LBL a
                        XEQ "EXC"                204♦LBL "EXC"
                                                 RCL 03 12 / INT
46♦LBL 05                                        STO 06 12 * CHS
XEQ "EXC"               112♦LBL b                RCL 03 + STO 05 RTN
"5-B, C, D, E ?" PROMPT 1 ST+ 07 12 RCL 04 /     END
                        5,5 + RCL 04 1 +
                        RCL 06 Y↑X STO 08 1
                        - * RCL 05 RCL 04 *      LBL"RAKRE
                        12 / 1 + STO 14 *        LBL"EXC
                        RCL 05 1 - RCL 04 *      END        407 BYTES
```

LITERATURVERZEICHNIS

[1] Bund-Länder-Ausschuß "Preisauszeichnung":
     Grundsätze zur Berechnung des effektiven Jahreszinses
     nach der Verordnung über Preisangaben (PAngV)
     vom 3.12.1980

[2] Verordnung über Preisangaben (PAngV) vom 10.5.1973
     BGBl I S.461 (1973)

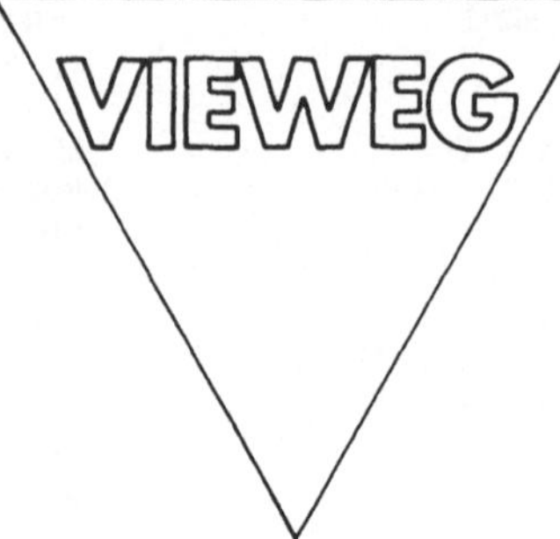

Programmieren
von Taschenrechnern

Band 3
Hans G. Gloistehn

**Lehr- und Übungsbuch
für den TI-66, TI-58 und TI-59**

4., überarb. Aufl. 1983. VIII, 154 S. 12 X 19,5 cm. Br.

<u>Inhalt:</u> Anleitung zum Programmieren mit dem TI-66, TI-58 und TI-59: Manuelles Rechnen / Programmaufbau und Programmherstellung / Verzweigungen / Unterprogramme / Der Drucker PC 100A — Programmbeispiele aus der Mathematik und Technik.

Dieses Lehr- und Übungsbuch führt den Leser in das Programmieren von Taschenrechnern ein, ohne daß Kenntnisse auf diesem Gebiet vorausgesetzt werden. Der Leser lernt die Programmiertechnik und die Fähigkeit, mathematische und technische Probleme zu formulieren und in die Sprache des Rechners umzusetzen.
Anhand vieler Beispiele aus der Mathematik und Technik wird gezeigt, wie die Programmiertechnik angewendet wird. Zahlreiche Übungsaufgaben geben dem Leser die Gelegenheit, sein gelerntes Wissen zu überprüfen und zu festigen. Das Buch wendet sich vorwiegend an Studenten an Fachhochschulen und Universitäten und an Lehrer und Schüler der Sekundarstufe II.